Descubre Como Ser Feliz., Naciendo de Nuevo

Descubre Como Ser Feliz., Naciendo de Nuevo

Thelma Nozzaci

Copyright © 2011 por Thelma Nozzaci.

Número de Control de la Biblioteca del Congreso de EE. UU.: 2011923914
ISBN:
    Tapa Dura   978-1-6176-4710-9
    Tapa Blanda   978-1-6176-4708-6
    Libro Electrónico   978-1-6176-4709-3

Todos los derechos reservados. Ninguna parte de este libro puede ser reproducida o transmitida de cualquier forma o por cualquier medio, electrónico o mecánico, incluyendo fotocopia, grabación, o por cualquier sistema de almacenamiento y recuperación, sin permiso escrito del propietario del copyright.

Este Libro fue impreso en los Estados Unidos de América.

Para pedidos de copias adicionales de este libro, por favor contacte con:
Palibrio
1663 Liberty Drive, Suite 200
Bloomington, IN 47403
Llamadas desde los EE.UU. 877.407.5847
Llamadas internacionales +1.812.671.9757
Fax: +1.812.355.1576
ventas@palibrio.com
323555

Índice

Prólogo

Cápitulo 1
   Mi origen 11

Cápitulo 2
   Mi adolescencia 16

Cápitulo 3
   A buscar trabajo 27

Cápitulo 4
   Relaciones sentimentales que cambiaron la ruta de mi vida 37

Cápitulo 5
   En busca de Dios..53

Cápitulo 6
   Buscando a Dios a mi manera, encontre a satanas....................61

Cápitulo 7
   Trabajando por obligacion, no por amor 71

Cápitulo 8
   Vida sentimental frustrada..82

Cápitulo 9
   Mi derrota economica, fisica y espiritual................................87

Cápitulo 10
   Decision de vida o muerte...102

Cápitulo 11
   Mi encuentro con Dios 112

Cápitulo 12
   Descubri como ser feliz, naciendo de nuevo 117

DEDICATORIAS

A mis padres por darme la confianza y libertad de hacerme independiente para hacer y deshacer con mi vida como yo quisiera., mil gracias por ello queridos papás porque a traves de ello puedo enfrentar los múltiples problemas que se presenten en mi caminar.

A mis hermanos Carolina, Saúl, Luis asi como mis cuñados, José y Marisa porque a pesar que estamos siempre distanciados, sabremos que somos familia y debemos ayudarnos los unos a los otros en las buenas y malas.

A mis sobrinos Ilse Lizbeth, Elisa Sarai, José Luis, Carmen Alejandra y Luis Fernando., porque me he divertido mucho en ver su inocencia y alma de niño., mil gracias por la oportunidad de disfrutarlos.

Pero sobre todo a mi esposo Mario Nozzaci, el es la clave principal de este libro sin el yo no hubiese practicado el amor, gozo,paz,paciencia, benignidad, bondad, fe, mansedumbre, templanza., que son los frutos del Espiritu Santo., porque a un principio en mi matrimonio satisfací los deseos de mi carne con iras, contiendas, enemistades, disensiones, mal caracter, sin paciencia.

PRÓLOGO

Crear milagros en nuestras vidas es más complicado, así como entender la Ley Universal. Y dado que esta ley es indestructible y por consiguiente infinita, sabemos que el poder que usaron los "hacedores de los milagros" en el pasado esta aun accesible hoy. Sin embargo, en nuestra sociedad moderna se nos ha educado para creer solamente en aquellas cosas que podemos entender y ver de manera lógica. Tampoco se nos ha enseñado que la Ley Universal tiene poder ilimitado, ni que este poder está a nuestra disposición y puede ser utilizado para hacer milagros en nuestras propias vidas.

Quiero concebir este libro como un dialogo entre nosotros: tu, que lees, con un posible interés muy personal te ha llevado a emprender esta lectura, quiero ser, para tu beneficio, lo más clara y amena posible.

Por esto te invito a que recorramos juntos este camino, en el cual Thelma nos llevara a conocer su esfuerzo, pasión y ahínco en el cual muestra todas sus facetas que quizás pocas mujeres pueden o pretenden hacerlo.

Y estas palabras preliminares son para hacerte conocer algunos de los rasgos personales y espirituales de este libro. Serán unas reflexiones para orientarte en mi vida, en la tuya.

Este libro está dirigido a todos los seres humanos, desde el momento de la pubertad hasta el de su muerte. A hombres y mujeres, desde hace cierto tiempo, también a los que en el olvido viven sus vidas transformadas por los miedos y las cobardías.

Se ha tratado de exponer el mayor número de ejemplos tomados de la realidad, a fin de que en el desarrollo del texto, pueda orientarse el lector hacia su propio caso particular.

Jorge Luis F. A.

CAPÍTULO 1

Mi origen

¿Acordarme de mi niñez? Cuesta trabajo, es difícil. Tal vez los recuerdos vagos, críticos o simplemente por un racional olvido; ¿será que mi subconsciente se niega a perpetuar mi pasado? para que no me lastime o me llene de tristeza.

Provengo de una familia muy pobre, como muchas que existen en mi país, México, nací en un pueblo distante a cuatro horas de la ciudad y puerto de Acapulco, en el estado de Guerrero.

Mis padres viven, en la parte baja de la región de la montaña, de la Costa Grande, tienen sus huertas de café, con las cuales nos daban de comer, vestimenta y los estudios de primaria; y así vienen a mi mente de manera vaga, recuerdos y evocaciones que a mis seis años un tío primo de mi padre, de nombre Lucios Cabañas Barrientos, profesor de primaria el cual vivió las transgresiones a los derechos humanos y a la clase pobre.

Esas humillaciones y la extrema pobreza lo hicieron actuar en su vida. Por lo tanto tomo las armas en el año 1967 contra el gobierno y empezó a secuestrar a ricos y el dinero se los entregaba a los pobres, algo así parecido a la historia fantasiosa del tipo de Robín Hood.

Esas "actividades" del tío Lucio, nos trajeron consecuencias graves posteriormente; toda vez que se le ocurrió pedir una entrevista con el aspirante a la gubernatura Rubén Figueroa Figueroa.

Que por cierto mi abuelo el papá de mi papá, con mi tío Luis Cabañas Ocampo, ayudaron para que mi tío Lucio se entrevistara con el aspirante a gobernador, así que fue ahí donde empezaron las consecuencias verdaderas, ya que Lucio decidió secuestrar a Figueroa Figueroa y al hacer esto la familia pago el pato sin haberlo matado.

Toda vez que pensaron que Lucio mataría a Rubén Figueroa Figueroa, así que el ejército mexicano el cual estaba integrado por reclutas de hijos de campesinos gente pobre, fueron a liberar al candidato a gobernador por el estado y hubo muertos de soldados como guerrilleros pobres, ahí fue muerto mi tío Luis el cual era un buen hombre, dejando a su esposa con sus tres hijos pequeños en la orfandad, recuerdo que a esa edad pensé, ¿Por qué Dios se llevaba a la gente buena y no a la gente mala?.

En las familias numerosas siempre se presenta un fenómeno antisocial; y menciono esto porque mi abuelo paterno, tenía y se "prodigaba" una vida complicada; pero, además le gustaba enmarañar la vida a quien se le pusiera en frente y uno de esos o aquellos lo eran sus propios hijos; razón por la cual ahí estaba mi papá,—en el centro de esos líos—por ver esa situación yo le tenía resentimiento a mi abuelo que crecía como yo iba en aumento de años.

Fue en ese tiempo que se llevaron a la cárcel a mi papá Florentino Cabañas Cebrero, mis tíos, tías y primos, recordar este momento me llena de tristeza porque lastimaron mucho a mi papá, como a mi madre y fue ahí donde empezó nuestra lucha por sobrevivir, dos años sin mi padre, marcaron mi vida porque no teníamos para comer, mi madre Alejandra

Martínez Valeriano, a ella siempre le gusto la elaboración del vestido, como los cortes de cabello, tenía su clientela en el pueblo, pero al suceder la guerrilla mi madre perdió a sus clientes ya sea que se los hayan llevado a la cárcel, o estuvieran escondidos, así que en ese tiempo mi hermana Carolina, se andaba muriendo de anemia, gracias a Dios y a la intervención de la familia de mi mamá no murió.

Mi hermano Saúl él era un bebe que solo pedía comer, en ese tiempo nos tuvimos que salir de nuestra casa, para ir habitar con la segunda mujer de mi abuelo la cual tenía 12 hijos y con nosotros éramos 16 en casa; comíamos más o menos, me acuerdo perfectamente que yo era una niña siempre enojona y tímida, más que nada—ahora supongo—era parte de mi personalidad para esconder mi coraje ante todo lo que veía alrededor pero nada podía hacer era una niña de 8 años, así viví hasta mis once años siempre dando de golpes a mi hermana mayor como a mi otro hermano mi madre me reprendía por no saber respetar.

A esa edad yo disfrutaba ver la lluvia y después de la lluvia la salida del arcoíris es fascinante tener visión romántica, la salida de la luna llena, la puesta del sol, observar las estrellas en fin cosas hermosas; me preguntaba ¿Quién había hecho tantas cosas hermosas?

Mi familia no es de las que te enseñan que hay un Dios o que te lleven a la iglesia los domingos que es cuestión de tradición en mi tierra. Así por usanza, la casa de mis papás distaba a tres casas de la iglesia católica y acudimos a ella cuando era misa de cuerpo presente o misa de aniversario de muerte, bautizos, casamientos; no recuerdo exactamente si en el mes de mayo o junio la iglesia hacia rezos todos los días para los niños los cuales recolectábamos flores y después nos daban dulces (nunca puse atención lo que decían en esas letanías).

Crecí en un ambiente sin Dios o mi madre que por costumbre tenía una imagen que a mi abuelita le había hecho muchos milagros. Mis papás nos educaron pensando que dándonos de comer, vestir, golpeándonos por pelearnos y de seguir sus consejos de que nos portáramos bien ya que si nos portábamos mal, a ellos les dolería pero más a nosotros por no hacer las cosas bien; eso, lo tengo bien grabado en mí consciente como en mi subconsciente.

Que yo me acuerde a la edad de 11 o 15 años, tanto mi madre como mi padre nunca nos daban besos o abrazos, esos no existían y yo necesitaba mucho de ello, ya que era introvertida, sentimental y romántica a más no poder, como no tenía ese amor, ese cariño en mi casa a esa edad empecé a escribir poemas a los niños que me gustaban y claro por supuesto el imaginarme que eran mis novios, en ese tiempo sufrí una decepción amorosa sin tener un galán a mi lado, recuerdo que terminé la primaria, a mis doce años.

Como mi papá tenía problemas por el hecho de haber estado en la cárcel, nuestra situación económica no daba para estudiar, pero mi papá busco a un familiar el cual le ayudo para que nos internaran en una escuela para niñas, era una escuela secundaria técnica, donde nos levantaban temprano para hacer aseo, teníamos vacas, gallinas y cerdos los cuales cuidábamos y de ellos mismos comíamos; mis padres no pagaban nada a ese internado ya que era del gobierno federal, para la gente de bajos recursos y eso nos ayudó, yo seguía de introvertida y por lo tanto sufrí al verme separado de mis papás, para mí fue un golpe muy fuerte toda vez que mi fragilidad sentimental la reflejaba en ser enojona por cualquier cosa o sea que estaba siempre a la defensiva.

Mi abuelo paterno siempre hizo de menos a mi familia, ó sea a mis padres y hermanos, ya que por ser pobres éramos el bicho raro de la familia y más para mi papá porque a él ya no le importó luchar por nosotros sino que se abandonó por completo a su suerte y eso ocasiono que yo siempre se lo recriminara, porque no lucho por sus hijos, por qué se dejó caer y no enfrentar la situación, mas por su desanimo nos abandonó a nosotros así como económicamente.

Moralmente papá reflejaba su odio hacia los políticos, hacia el gobierno y se volvió del partido de la izquierda, pero sus problemas los resolvía emborrachándose; vagamente me acuerdo de los muchos pleitos que mamá tuvo con él por sus múltiples borracheras.

CÁPITULO 2

Mi adolescencia

Ahora lo entiendo, pero cuando tenía 14 o 15 años me revele contra él, ya que la familia de mi padre siempre le hacían lo que querían y el siempre dispuesto cuando ellos así lo querían.

Así me fui llenando de rencor hacia mi abuelo paterno y a sus hermanos, por ver lo que le hacían a mi padre y siempre pensé en demostrarles mi coraje y decirles en su propia cara lo que se merecían. Así transcurrió mi niñez y al estar en la escuela secundaria a mis catorce años por mis problemas y demás no fui buena estudiante, por lo tanto me corrieron del internado por no tener buenas calificaciones: a decir verdad, nunca he sido buena estudiante, mis papás molestos conmigo hasta el fastidio.

Los entendí no tenían dinero para ayudarme a seguir estudiando, pero ya estaba hecho, así que en las vacaciones de julio y agosto fue para mí todos los días de regaño y yo solamente agachaba la cabeza, tenían toda la razón; pero . . . nada podía hacer.

A veinte minutos de mi pueblo queda otro pueblo que tiene una Escuela Secundaria Técnica y ahí me llevo a inscribir mi hermana, ya que mis papás ni eso quisieron hacer, mi hermana se burló de mi nueva escuela debido a que era una escuela mixta, donde había hombres y mujeres y no tenían catorce años como yo, tenían 17 o 18 años; así que fue ahí donde mi vida dio un giro de 380 grados, ya que mi nivel académico era más alto que esa escuela, no era la estrella pero tampoco la estrellada, ahí tuve muchos novios en un año, obtuve buenas calificaciones y mantuve preocupada a mi madre porque pensó que a esa edad me casaría ya que los habitantes de los pueblos se casan muy jóvenes y yo sinceramente nunca tuve ese pensamiento tan infortunado de casarme a esa edad "gracias a Dios", mis objetivos eran de tener mi propia casa, automóvil y mi carrera profesional.

Mi madre rezaba para que no me casara a esa edad, pero cuando ella vio que llegue a los treinta y tantos años y seguía soltera volvió a rezar pero en esta ocasión, ¡para que me casara!

Termine la secundaria a mis quince años, era toda una señorita, lista para atacar al mundo, así que mis padres molestos conmigo no me ponían atención por lo tanto opte por escuchar y mantenerme alerta ya que se me había quitado la venda de la timidez y tenía la visión de ser alguien en la vida.

Un día una tía fue a la casa a preguntarles a mis papás, que su hija necesitaba una niña para que llevara a sus hijas a la escuela y las regresara a la casa, así que esa era mi oportunidad, no me importo estar lejos de mis padres, más si me importo estudiar, así que con el permiso de ellos me fui a una ciudad con millones de habitantes no como en mi pueblo de 250 personas, pase mi examen de admisión de la preparatoria; como a las niñas las llevaba a la escuela en la mañana yo iba a la escuela en la tarde, fue ahí donde empecé a creer en Dios o en decir ¡Gracias Dios Mío!

Siempre venia en la mente un Cristo crucificado al que le pedía que me protegiera y me ayudara, pero el clima de la ciudad me afecto las vías respiratorias y deje todo por mi salud, por lo tanto un año anduve vagabundeando en pensar que hacer, me urgía el dinero, así que mis papás me llevaron con una tía la cual le habían matado un hijo de 21 años por lo tanto estaba mal psicológicamente, ahí fue donde tome licor por primera vez y me puse una borrachera de esas que odie de mi padre, por querer engañar a mi tía me tome la cerveza en gotas y eso me provoco la borrachera; mi tía tiene una hija la cual me invito a su casa a cuatro horas de Acapulco, donde vive con su esposo y su bebe, él es un hombre que se dedica vender oro en grandes cantidades, así que yo andaba buscando donde colocarme y me fui con ella, a mí que me ha llamado la atención de cocinar a mis 17 años yo no era experta en el área culinaria, pero me defendía como gato boca arriba, cosa que le faltaba a mi prima ya que a ella se le quemaba hasta el agua, así que un día mi prima discutía con su esposo y empezaron a volar los cuadros familiares por los lados y para que no volara su hija me sacaron con ella, después como no cruzaban palabra por estar enojados, mi prima me puso hacer de comer y yo le daba a su esposo la comida, y este viendo mi necesidad del dinero toco mi punto débil y me hizo una proposición indecorosa (pero no como la de la película de un millón de dólares, sino no sé qué hubiera pasado) de comprarme ropa, como regalarme oro si me iba con él a otro estado, no sentí coraje ni me enoje, opte por pensar que era mejor salir huyendo de ahí, ya que si él no tenía dignidad yo sí, no niego que necesitaba dinero, pero gracias a Dios que nunca me he ido por las puertas falsas, siempre pensé que diría la sociedad de la señorita Cabañas, mis padres principalmente, así que decidí regresarme a la casa de mi tía la cual con su carácter no me dejaba mirar ni a la esquina, así que de nuevo intervinieron mis padres y me llevaron con una prima la cual vive con una amiga, ellas tienen dos casas que dan de calle a calle, así que yo viví con sus primas de ella Socorro y Guadalupe en una casa y mi prima con su amiga en otra casa, cuando llegue a la casa de mi prima, su amiga me pregunto qué quería hacer, yo le dije que quería estudiar algo rápido para trabajar ya que me urgía el dinero, ella viendo mi interés me ayudo a encontrar una escuela y entre a estudiar la preparatoria como la carrera de secretaria ejecutiva con bachillerato administrativo, por tener dos carreras a la vez entraba a la 13:00 y salía a las 22:00 horas de la escuela, fue muy pesado pero en fin era lo que yo quería, vivía en una colonia pobre llena de delincuentes que se escuchaban los gritos o las pisadas en la casa donde pasaban los jóvenes drogados con las carteras robadas, pero yo siempre pidiéndole a mi Dios que me protegiera; en la escuela no era una alumna brillante pero me destaque por ser jefa de grupo y llegue hacer tesorera del comité pro-graduación, saque más o menos calificaciones.

A mis 17 años era muy inocente en todos los aspectos, pero yo tenía objetivos que lograr, así que no me importaba sufrir las consecuencias para lograr mis metas, todo iba bien. En la escuela yo era feliz, mis padres me daban dinero, mi hermana la mayor también, la amiga de mi prima de nombre Maralexa me insistía si tenía novio, como no tenía confianza en ella le decía que no y ella me decía ten novio hija es bueno, mas no sabía que esta niña desde que entro a la escuela tuve un novio blanco de ojos verdes, Héctor un niño de padres divorciados, en el cual mire muchos problemas psicológicos y decidí retirarme de él, no me convenía un niño con problemas, yo tenía los míos pero tenía metas, las cuales Héctor no tenia y ese era mi problema, así fui en mi carrera siempre me separe de amistades frívolas que no me llevaban a nada bueno, o de mentes superficiales que pensaban en ídolos de artistas o moda, siempre daba mi amistad a todos pero siempre escogía a los que no fueran hacerme daño o crearme más problemas, por lo tanto los débiles no estaban en mi círculo de amistades, ¡claro esta! siempre di consejos o asesore a mis amistades como novios e hice críticas constructivas, pero el novio o amiga que pasaban semanas y platicaba el mismo problema, lo anulaba de mi circulo, prefería estar sola sin novio o amiga que no me ayudaba en nada, más si me contagiaba con su debilidad, así que yo trataba de ser feliz en mi medio.

La amiga de mi prima, se ganó mi confianza como yo la de ella y ella fue para mí un pedazo de mi madre, así que esta señora me invitaba a sus fiestas de su escuela y me presentaba como sobrina, tanto fue esta confianza que a mis amistades les decía "estuve en casa de mi abuelita" o sea la casa de la mamá de Maralexa, a mi prima muy poco la veía pero era por su trabajo ya que es enfermera y los turnos son muy variables, así pasaron dos años de mi carrera en altos y bajos; pero faltando un año para terminar mi carrera una noche al llegar a casa de mi prima sentí un ambiente pesado y eso no me gustaba, pero me tenía que aguantar no tenía a donde ir, ya que entraba a las ocho de la mañana a un banco para hacer mis prácticas que me exigía la escuela y llegaba a la casa a las diez y media de la noche y así pasaba el tiempo y el ambiente más pesado por lo cual yo ya no tenía ganas de llegar a la casa, así que hacía más tiempo en mi escuela, en la parada del camión, llegue a dormir sin comer con tal de no sentir la tensión en la casa, hasta que un día Maralexa me dijo que tenía que irme de la casa, porque mi prima no era su amiga, era su mujer y ella estaba celosa de mí, ya que mi prima pensaba que ella la dejaría por mí, debido a que mi prima se consideraba vieja y yo era joven, yo no entendí de momento, pero mi prima en sus celos le pidió a Maralexa que eligiera ella o yo, cuando me dijo que eran marido y mujer y que ella era el hombre y mi prima la mujer seguí sin entender, porque en mi mente estaba toda confundida, debido a que yo estaba pensando donde me iría a vivir, a mí que me importaba quienes eran ellas si eran lesbianas o no, yo estaba pensando quien me ayudaría para que viviera en su casa para terminar la carrera, así que mi reacción fue de llorar, porque no comprendía nada, era inocente de lo que se me acusaba, por lo tanto sabía que mi prima era capaz de todo con tal de deshacerse de mí, pero yo tenía que buscar quien me ayudara y esa noche me dormí llorando suplicándole a mi Señor Jesucristo que me ayudara, porque para mí era fácil irme con mis padres y dejar todo, pero yo no quería regresarme a mi pueblo y menos derrotada, ya que ahí lo que me esperaba era el casarme y tener hijos y ser pobre para toda mi vida en todos los aspectos y ese no era mi sueño, así que me dormí pensando a quien acudiría, al despertarme al otro día me di cuenta que había soñado que estaba en mi pueblo caminando sin rumbo y mire al cielo y vi una nube con un rostro que yo sabía que era mi Señor Jesucristo " mi Dios" y me dijo "te quiero", fue suficiente para mí, el saber que Dios me había dicho que me quería, eso me dio valor y fuerzas para buscar quien me ayudara a que yo viviera en su casa, yo era una joven bien portada nunca di problemas de llegar tarde o ser rebelde sabía que vivía en casa ajena por lo tanto debería ser bien portada y claro esta seguía los consejos de mis padres, así que fui a visitar a mi tío Oscar que estaba viviendo solo porque se estaba divorciando de su esposa, no me acuerdo realmente si viví una semana o dos con mi tío, toda vez que todos los días que estuve, siempre llego borracho y lloraba por sus hijos, eso me mantuvo alerta, así que decidí que ahí no debía quedarme, de por si no he sido buena estudiante y por los problemas que estaba pasando menos usaría el cerebro, Dios me dio la inteligencia y me senté en pleno zócalo de Acapulco, donde estaba rodeada de gente y sentada empecé hablar con Dios pidiéndole que me enviara a alguien de mi familia que quisiera que yo viviera con ellos y pasaron mis primos, dos jóvenes que estudiaban para ser Licenciados en Derecho los cuales me preguntaron ¿Qué hacia ahí?, fui sincera al decir que necesitaba donde quedarme y me aceptaron rápidamente así que ni tarde ni perezosa fui por mis cosas, viví con ellos como un mes toda vez que como hombres que eran tenían sus parrandas y me invitaban, a mí no me gustaba ya que era pura gente mayor, y si nunca he sido una chica con un 90 60 90 que despierte pasión o lujuria en los hombres al verme caminar, tenía mis pretendientes, yo una adolescente de 19 años y ellos de treinta y tantos, sí que me daba miedo, mis primos me dijeron que debería salirme de ahí, por lo tanto me dieron sus disculpas pero era una señorita y yo no debería estar ahí, lo entendí perfectamente esa tarde me subí a la azotea de la casa donde vivían mis primos y tratando de estudiar para mis exámenes mire al cielo y vi su inmensidad parecida a la profundidad del mar y me hice muchas preguntas las cuales no me pude contestar, de ¿Quién había creado todo tan hermoso e inexplicable?.

Pero en ese momento me acorde que debería buscar otro sitio para seguir estudiando, así que me llene de coraje y rabia contra mi prima ya que le demostraría de lo que era capaz sin tener que recurrir a las puertas falsas de prostitución o por el dinero aguantar a jugar a ser lesbiana solo por dinero no era mi caso yo tenía objetivos y tenía que ir por ellos no me importaba que hubiera días que yo no comiera, que me importaba si yo sabía que vendrían días que comería bien por mí misma y ese coraje me mantuvo fuerte y valiente y ser firme en mis objetivos, así que de nuevo fui al zócalo a pedirle a mi Dios que me mandara a otro familiar que me ayudara, yo ya estaba a un paso de terminar mi carrera, así que paso mi tío Alfredo el cual sabia de mi por mi tío Oscar y él me andaba buscando para llevarme a su departamento, bendito Dios, por fin estaría con una familia, él tiene su departamento en el quinto piso, el cual tiene dos recamaras y un estudio, en una recamara dormía mi tío con su segunda esposa y sus dos hijos pequeños, en el estudio dormía Alfredo un niño de 12 años (que en estos momentos que escribo esta página, el ya no está con nosotros ha muerto y con una vida llena de problemas por falta de amor, comprensión y conversación, mi alma se entristece pero yo no pude hacer el papel de madre, en el momento que lo conocí también necesitaba el cariño de mis padres, a diferencia de el yo tenía en mi consciente y subconsciente miles de consejos de parte de mi madre y esos me ayudaron a escoger mi camino en cambio José decidió tomar otro más fácil y murió muy joven) y en la otra recamara Lulú mi prima de 14 años y yo, Alfredo y Lulú son los últimos hijos de mi tío con su primera esposa, la verdad yo nunca tuve mucha comunicación o mejor dicho trate de no tener mucha comunicación con los del edificio ya que de por si tenía muy poco tiempo.

Mi tío me levantaba a las cuatro de la mañana para que le preparara el café, después yo me levantaba temprano para comer lo que hubiera y me retiraba a trabajar al banco donde continuaba realizando mis prácticas y de ahí a la escuela; iba llegando a la casa a las 22:50 p.m. así eran mi días de lunes a viernes, los sábados y domingos lavaba mi ropa y ayudaba en el aseo del departamento, yo tenía mi novio y la esposa de mi tío sabia de ello, en ese tiempo por todo lo que me sucedía tuve tres novios no en el mismo lugar, o sea tenia uno en Acapulco, otro en mi pueblo el cual solo lo veía en vacaciones y el otro en el Distrito Federal el cual me escribía cartas, así como hacerme llamadas telefónicas, al que consideraba novio era el de Acapulco porque con el convivía más.

Y como siempre habido franca comunicación con mi mamá, le comente de los tres novios y me dijo terminantemente:
-¡Quiero que me termines a los tres!
¡Le dije ni loca! termino a dos y me quedo con uno.
Mamá me dijo que eso no era bueno ya que el niño del pueblo tenia buenos sentimientos para conmigo, el de las cartas era como rutina, así que decidí obedecer a mi mamá y termine con el del pueblo el cual lloro porque no aceptaba que lo terminara, pero ya estaba decidido y debía obedecer a mamá, ya que mamá me dijo que eso no estaba bien y eso lo pagaría muy caro, así que al de las cartas le hable por teléfono y lo termine, bueno en fin me había quedado con uno y a ese le tenía muy buenos sentimientos y el radicaba en Acapulco, pero cuál fue mi sorpresa el niño el cual yo quería se estaba comportando mal conmigo, así que me contó una historia donde él tenía un amigo y el amigo decidió terminar a su novia y la novia le dijo que ella se iba a suicidar si la terminaba y este cuate me dijo ¿tu que piensas? le dije esta cuata está loca, si lo que sobran son hombres, si uno te deja llegara otro en tu vida o mejor o peor pero llegara, así que como ya sabía mi respuesta, al otro día decidió terminarme, sentí como que entro a mi

cuerpo agua congelada que me traspasaba hasta los huesos, qué ¡barbaridad! estaba pagando con la misma moneda, del que lloró como el que me tiro el teléfono, me acorde de mi madre en ese momento, pero como siempre he sido fuerte y valiente decidí preguntar él porque me terminada, el muy descarado me dijo que tenía una novia la cual aceptaba tener sexo, le dije que fuera feliz, pero le eché mi maldición, que volvería cuando se cansara del sexo pero el cariño que sentía por él en ese momento lo sacaba de mi corazón y le daba un año para que me buscara, pero sería demasiado tarde ya que no lo iba a querer., recuerdo que llegue cabizbaja a mi casa no lloraba estaba furiosa, él sabía que lo quería y si me había hecho eso era tal vez una prueba de que yo accediera a tener sexo con él y eso no lo lograría, así que mi furia era de quererlo pero de no aceptar su proposición, subiendo las escaleras para llegar al quinto piso me encontré en el cuarto piso a una joven la cual teníamos amistad y ella lloraba, por lo cual me detuve y le pregunte su problema, me dijo que su novio la había terminado, le conteste estamos iguales a mí también me terminaron, así que me dijo que tenía una fiesta de su escuela y que la acompañara, pedí permiso al tío y me fui a su fiesta, estando en la fiesta ella de decepción tomo demasiado, yo siempre observaba, no podía emborracharme por un hombre, llorar o hacer tonterías por una decepción, siempre pensé la vida continua, era simplemente de soportar los días que vendrían, siempre me decía cuando tenía problemas ya pasaran simplemente tengo que aguantar lo difícil y después viene la tranquilidad, era tiempo de mis exámenes semestrales por lo cual no tuve mucha concentración, pero los pase todos, decidí no tener novio, más si pensar donde iba a trabajar ya que faltaban meses para terminar mi carrera..

En el año que viví con mi tío Alfredo, a él le encantaba platicar pero se molestaba por cosas muy pequeñas y no se podía controlar debido a que tiene problemas de ser un neurótico, así que tenía mucho cuidado de no tener discusiones con él, él me daba órdenes de lo que debía hacer y yo simplemente obedecía, me acuerdo que él era supervisor del transporte urbano, así que me presento a sus amigos que llevaban la ruta para la casa, yo feliz ya que como toda estudiante siempre andas escasa de dinero, así yo no pagaría el camión cada vez que me subiera con los amigos que me presento mi tío, por lo tanto me aprovechaba y no pagaba así lo hice siempre, haciendo el simulacro de pagar para que los amigos de mi tío me dijeran que no.

Metida en mis problemas de la escuela como jefa de grupo y tesorera del comité pro-graduación y analizando donde trabajaría, nunca tenía tiempo para chismes o dimes o diretes en el edificio, me acuerdo que un día llegue tarde a la parada del autobús y ya había pasado el ultimo camión así que, dije ¡Dios mío! manda a alguien que me ayude o me preste dinero para mi taxi ¡Oh! sorpresa llego el amigo de mi tío, el chofer de la ruta pero sin camión, así que con una sonrisa amigable me dijo, ¿hija se te hizo tarde? así es señor, no te preocupes que ahorita tomamos un taxi y llegamos a la casa, respire profundo eso era lo que yo quería, en fin tomamos un taxi al llegar a los edificios él decidió bajarse en un lugar y me dijo tú te bajas del otro lado, para no provocar problemas, yo dije que si, en fin a mí que me interesaba las habladurías de la gente, mi objetivo era llegar a mi casa y lo demás me tenía sin cuidado, pero a partir de ahí empecé a sentir miradas de unos jóvenes, pero nunca le di importancia debido a que a veces uno no le es agradable a toda la gente.

Pero fue ahí donde se derramo el agua del vaso porque todo el edificio sabía que yo era amante del amigo de mi tío menos yo, así que la esposa le hacía escándalos al pobre hombre sin deberla ni temerla y la esposa de mi tío con la vecina hablaban en secreto, pero como a mí no me gusta el chisme optaba por no hacer caso a nada., hasta que un día la esposa de mi tío me dijo tu tío quiere hablar contigo, le pregunte ¿que de que quería hablar conmigo? ella soltó la sopa, opte por reírme, ella pensó que de nervios me reía, en ese momento llego mi tío y comento, hija he hablado con mi amigo y él me ha dicho que todo es mentira, así que opte por decir, el día que yo tenga un amante será con dinero, no pobre, digo siempre me he imaginado que un amante debe tener dinero para pagar los gustos de la chica, al menos así me quite a muchos pretendientes casados, divorciados y solteros que deseaban que fuera su amante, siempre pedía mi carro nuevo, casa nueva y mi cuenta bancaria; como los tipos lo que tenían eran puras palabras, salían corriendo, en fin siempre he dicho que el que nada debe nada teme, termine mi escuela no con honores porque yo era un 50% en la escuela y el otro 50% fuera ya que debería trabajar y ahora si agárrense todos, que estaba de prisa ya que quería dinero contante y sonante y había llegado mi termino de mi carrera, por fin mi primer objetivo era tener un trabajo, recuerdo que como tesorera del comité pro-graduación, fui a buscar el salón donde sería la fiesta y fue en el centro internacional de convenciones, al llegar a la oficina, me fascino era limpia, con aire acondicionado una oficina digna de mí, así que dije, me gustaría trabajar aquí.

CAPÍTULO 3

A buscar trabajo

En el mes de julio de 1987 fue nuestra graduación y nuestro padrino fue un político que nos prometió plazas, como todo político quedo mal, ya que nos citó en la ciudad de México el cual fui con todos los del comité pero nada aconteció, así que como comí en la calle me lastime el estómago y cuando regrese de ese viaje fui a ver a mi hermana a la capital del estado de Guerrero, en busca de trabajo y para convivir con mi hermana, pero no me gusto la vida de ese pueblo, mi hermana vivía como en mi pueblo muy rudimentariamente y yo soy moderna o sea utilizando para bien las cosas que se van inventando para mejoría del ser humano, así que como no me agrado y estaba enferma volví a casa de mis padres y mamá como siempre con su paciencia busco la cura para mi problema que me mantuvo en cama como un mes, ya recuperada les dije adiós a mis papás y me fui en busca de trabajo, llegue a casa de mi tío, pero le dije que no era posible seguir con el porqué no tenía ropa ni zapatos para trabajar (esto fue cierto), así que compartiría mi ropa y zapatos con una amiga y viviría con ella, busque a mis amigas y una de ellas me pidió que me fuera a vivir a su casa, la verdad no aguante ni una semana, porque tenía dos perros y ese olor me repugna, cuando busque a mis amigas, me encontré con Maggi, ella trabajaba como secretaria en un sindicato, fui dos ocasiones y cuando estuve platicando con ella salió su jefe y pregunto que carrera tenía yo, Maggi le dijo es asistente ejecutiva como yo, así que este señor me envió al centro internacional de convenciones donde fue mi fiesta de graduación y me mando con una joven llamada Uribeyda, ni tarde ni perezosa fui y me presente con ella, y me dijo serás la secretaria del Secretario General del Deporte del Estado, es un ingeniero muy buena onda, listo ya tenía trabajo, era octubre del año 1987 donde México ofrecía la reseña mundial del cine y televisión, por lo tanto había mucho trabajo y necesitaban gente, yo feliz que ya tenía trabajo; era de gobierno estatal por lo tanto no me pagarían hasta dentro de tres meses, pero la chica Ury me mantuvo los tres meses dándome de comer, como mis camiones y la renta, nos hicimos grandes amigas, el trabajo que tenía era poco porque el ingeniero nunca estaba, tu sabes Acapulco es muy atractivo y si no tienes los pies sobre la tierra te come y bien vivo, así que a este ingeniero le fascinaban las faldas y por lo tanto yo era una de las víctimas, por lo cual debería estar abusada, este cuate un día me dijo que tenía que asistir al hotel donde se hospedaba porque me daría unos documentos para que su secretario particular los elaborara y fui con miedo pero le pedí a Dios que me ayudara porque necesitaba el trabajo pero no accedería a cosas que no me agradaran, así que estando en el hotel se comportó bien al principio después me hizo la proposición y le dije que me disculpara pero no era posible, acepto mi decisión de mala gana y le platique a mi amiga la cual estuvo pendiente de ayudarme en otro trabajo y llego la oportunidad ya que necesitaban a una secretaria para el departamento de eventos y convenciones y mi amiga dijo que yo era apta para ese puesto, era el lugar que yo había pensado cuando fui a pedir información para la fiesta de mi escuela, así que no lo pensé dos veces y renuncie al otro trabajo cuando el ingeniero no estaba en la oficina, ya que se había ausentado por dos semanas, se enojó conmigo pero en fin ese era su problema el mío era el dinero y necesitaba dinero de mi esfuerzo, así que el nuevo trabajo era de gobierno federal por lo cual me pagarían bien, seguía viviendo con mi amiga en un cuarto pequeño, pero no compartíamos muchas cosas, ya que ella era muy superficial le gustaba que los hombres le pagaran muy buenos restaurantes o sacarles buenos regalos y yo la verdad me conformaba con una rosa o una tarjeta llena de palabras supuestamente verdaderas, siempre me gusto tener novios más jóvenes que yo debido a que los podía manejar, a los mayores siempre les di la vuelta, mi circulo de amigas del trabajo, todas ellas se habían graduado juntas, yo era la extraña pero me hice amiga de Ury la cual ella las había contratado como a mí, así que convivía con ellas, la verdad siempre fui autentica sin hipocresías, en ese tiempo tenía un novio más joven que yo, por lo tanto ellas andaban con hombres mayores la mayoría teníamos de 18-24 años, ahí aprendí a tomar licor sin llegar a emborracharme, trabajábamos de las 09:00 hasta las 21:00 horas., fue un trabajo que me gusto ya que convivíamos con mucha gente de todo el país como extranjeros, disfrute mucho mi trabajo así como mis amistades, llegue a tener el puesto de supervisora de eventos y convenciones, tuve dos trabajos a la vez, en el día era secretaria ejecutiva y en la noche era supervisora de alimentos y bebidas, llego un momento que el centro de convenciones tenía muchos problemas económicos por lo cual hubo corte de personal y dejaba de ser federal para ser estatal y eso nos afectaba a muchos así que la mayoría de la gente opto por salirse del trabajo o renunciar, yo la verdad estaba cansada de lo mismo llevaba cinco años y ya me había fastidiado ya que trabajaba de lunes a sábado, así como me desvelaba continuamente por los eventos nocturnos, por lo tanto pesaba 48 kilos era muy delgada, así que empecé a pensar a donde me iría a trabajar, años anteriores le había hablado a un amigo para que me diera una plaza en una institución de salud y él me había dicho que no tenían plazas por el momento pero que la buscaría, así que paso el tiempo, me hablo mi amigo precisamente en el mes de diciembre de 1991, mes en el cual el centro de convenciones me exigía tomar una determinación y mi amigo me dijo, sé que te están corriendo de tu trabajo, así es le conteste, no te preocupes que te tengo una plaza y empiezas a trabajar el primero de enero de 1992, siempre he creído en Dios y siempre Dios estuvo conmigo, así que fui y entregue mis documentos y me fui de vacaciones quince días con mis papás, dándoles la sorpresa que ya tenía un nuevo trabajo y mamá feliz ya que en este trabajo no me desvelaría, toda vez que trabajaría de lunes a viernes y con un horario favorable, la verdad eran unas oficinas espantosas que no me merecían porque las que había dejado, eran alfombradas dignas de un centro internacional, pero esto era diferente eran oficinas centrales que se dedicaban a la salubridad estatal, por lo tanto las oficinas eran rentadas y muy miserables, pero la paga fue buena, en fin debía de adaptarme a mi nuevo trabajo, amistades y jefes; llegue al puesto de secretaria de un jefe de oficina, el cual me gane su confianza toda vez que aprendí rápido el trabajo que debería hacer, por circunstancias de intrigas entre mujeres, la secretaria del departamento de recursos humanos (este departamento lo dirigía mi amigo Gerardo Abundis) la tuvieron que quitar y me colocaron a mí en su lugar, así que escale rápidamente y estando con mi amigo como su secretaria era una fiesta todos los días, toda vez que él era un hombre divorciado, a Gerardo lo conocí porque fue novio de mi gran amiga Rosalía Castelló, por lo tanto trabajábamos pero nos divertíamos bien, salíamos a comer juntos, la gente como siempre empezó hablar de mi pero como siempre digo el que nada debe nada teme, en ese tiempo ya no rentaba con mi amiga, rentaba con mi hermano el menor que yo, por lo tanto me responsabilizaba más por la renta, luz, agua, teléfono y mi hermano, estando como secretaria de Gerardo yo tenía mi novio pero él estaba radicando en estados unidos, así que yo iba a las fiestas que organizábamos como a la discoteca, era feliz nunca engañe a mi novio, más si me divertía toda vez que el hecho era de que éramos novios pero ya era por teléfono y por su familia la cual quiero mucho, en ese tiempo me volví famosa en esa institución porque yo siempre tomaba tequila, una bebida mexicana muy fuerte y no me emborrachaba, claro está, siempre hacia trampa y esta fama fue porque mi querido Gerardo me invito un día a bailar y bebimos iguales y él se emborracho y yo para nada de borracha, suficiente para que todos los jefes de mi trabajo llegaran a regalarme una botella de tequila, valla la fama que había agarrado y mis otras famas eran que como amiga era buena amiga, pero como enemiga tenían que tener mucho cuidado conmigo y eso fue cierto, ya que nunca me deje de nadie por mas rango o categoría que tuviera en la sociedad siempre exigí mis derechos y respeto como mujer y ciudadana.

Como en esta institución cuando hay cambio de gobierno todas las áreas cambian de jefe, ya sea porque seas el compadre de fulano o zutano te ponen en un buen puesto aunque no sepas nada, más que robar dinero y muy bien; así que cambiaron a todo el personal de los altos jefes y con ellos se fue Gerardo, llegaron nuevos jefes y a ponerse listos porque luego quieren tu plaza sino tienes quien te respalde y a mí me respaldaba mi responsabilidad como trabajadora, siempre exagerando en hacer las cosas bien, así que era la secretaria del jefe del departamento de recursos humanos pero el subdelegado de administración necesitaba una buena secretaria y había puesto la mira en mi pero no por mí ni por mi trabajo sino por la plaza, decían que quería quitármela, así que le pedí a Dios, que me ayudara ya que en ese momento no podía renunciar a la plaza toda vez que me responsabilizaba de mi hermano, tenía que pagar renta y los servicios de mi casa por lo tanto debería ser astuta, inteligente y como muchas mujeres débil (que eso no va conmigo), así que el nuevo subdelegado era joven, trabajador y muy mujeriego, por lo cual me pasaron como su secretaria y me dijo que estaría a prueba dos semanas si le gustaba como trabajaba me quedaba con el puesto y me dije Thelma esta es tu oportunidad de darle a demostrar a este chaparro que tú te quedas con el puesto ya que me ofrecía dinero extra porque debería trabajar más horas y acepte, por lo tanto las dos semanas trabajamos desde las 09:00 hasta las 23:00 horas, las cuales aguante, el que no quería aguantar era mi novio en ese tiempo un niño más joven que yo, el cual le enseñe hacer positivo y que tuviera metas en su vida; en ese tiempo de las dos semanas mi nuevo jefe me invito a cenar, ustedes saben cómo todo mujeriego tienden su red, acepte su invitación pero antes me documente de los orígenes de este tipo, el cual fue pobre y sobresalió con mucho esfuerzo, por lo tanto lo impactaría con una historia de esfuerzo y debilidad y caería el redondito conmigo, no yo con él.

Llego el día de la cena, le pedí a Dios que me ayudara para que este hombre no me pidiera que me acostara con él, para que me quedara como su secretaria, más si viera en mí que trabajaría hasta más no poder, así que me fui con esa seguridad y me llevo a un restaurante lujoso con el cual pensaba impactarme, pero a mí nunca me han impactado ni las joyas, ni el dinero, ni un carro nuevo, ni casa, nada material más si me impactaba ver unos ojos llenos de amor por mí, el cual no sería posible porque el tipo era casado con tres hijos y con amantes por todos los lados, estando en la cena se dio cuenta que tipo de mujer soy, ya que con mi historia de mantener a mis hermanos (la cual era cierta) de ser hija modelo de mi casa, él se dio cuenta que no era tan fácil de seducirme por lo cual opto por dejarme como su secretaria y me dijo que me pusiera lista para informarle quienes eran las chicas que a él le gustaban, yo le dije para eso si me prestaba, en fin era su secretaria y debería estar pendiente de sus lados débiles como fuertes, nos hicimos amigos y nos llevamos muy bien, trabajamos perfectamente bien, un día me dijo que entrara al privado para platicar con él y me hizo el comentario de que el secretario particular del delegado estatal, me hacia la invitación para ir a Taxco de Alarcón un fin de semana, me quede pensativa no le di un sí o un no pero me dijo piénsalo y me dices después la respuesta para comunicársela a Carlos Christian, en ese momento no dije nada porque él sabía de antemano que no me prestaría para ese tipo de juegos, así que me quede pensativa toda la mañana y le dije a mi amigo Cesar, disculpa que te pregunte, ¿la manera la cual me visto es provocativa? Cesar me dijo que no, que me vestía bien, toda vez que yo nunca enseñaba arriba como abajo, siempre desee vestirme como toda ejecutiva y lo logre usando faldas largas, pantalones, blusas de manga larga sin escote, porque si te agachas o sentada todo se te ve, y eso es algo incómodo para mí, es más ni siquiera a la discoteca iba vestida así, ya que me sentía ridícula, así que le dije al licenciado que su amiguito Carlos Christian se fuera lo más lejos que quisiera pero sin mí, el no dijo nada era mi decisión, así que meses después corrieron a mi jefe y llego en su lugar como mi jefe Carlos Christian, el secretario particular del delegado ¡Oh Dios Mio! para mi sorpresa y de muchos de la subdelegación de administración ya que este tipo era muy traicionero te sonreía amigablemente y después te daba una puñalada por la espalda, por lo tanto su llegada traería problemas porque todo el que le caía mal les empezó a pedir su renuncia y una de esas personas estaba yo por no haber aceptado pasar un fin de semana con él, así que cuando llego me cambio al departamento de servicios generales y a los pocos días me mando a decir con el jefe del departamento de recursos humanos que quería mi renuncia, me reí y con coraje dije, porque no tuvo el suficiente valor de pedirme la renuncia cuando me anuncio que me cambiaba de departamento, por lo tanto infórmele que no renunciare por el momento, que renunciare cuando me dé la gana a mí, así que mi contestación lo hizo enojarse y empezó a buscar pretextos para fastidiarme y que yo le diera la renuncia por lo tanto busco en mi asistencia y se llevó la sorpresa ya que nunca llegaba tarde y esta mujer trabajaba en exageración por lo tanto no pudo por ahí; un día se me ocurrió entregar un documento al gerente de una de las tiendas y no hice pase de salida, porque antes como trabajaba con amigos nunca lo hice y se me olvido que tenía un enemigo, así que me envió un oficio con copia a mi expediente el cual estaba limpio, pero yo ni tarde ni perezosa actué, fui con el gerente de la tienda y lo hice que me firmara un documento donde hacía constar que había estado con él por 15 minutos entregándole un documento y me había regresado a la delegación, así que fui con el jefe de recursos humanos a reclamarle él porque me había mandado ese oficio, el me dijo ¡cálmate!, el tipo te trae en la mira, para que veas que no es cosa mía, quédate esta noche hasta que el subdelegado se valla y con el reglamento de la institución le contestaremos ya que ese oficio no tiene fundamento, así que nos esperamos que se fuera Carlos Christian y elaboramos el oficio con el reglamento en mano y lleno de artículos que no estaba bien fundamentado, toda vez que primero es una amonestación verbal la cual él no había hecho y la segunda era la escrita y la tercera era el cese, por lo tanto no tenía fundamento su escrito.

Yo anexe la carta del gerente de la tienda donde argumentaba mi estancia, así como envié copia al delegado estatal, al jefe de la unidad jurídica, al jefe de auditoría interna, al jefe del departamento de recursos humanos el cual me ayudo y no estaba de acuerdo, copia al papanatas de mi jefe de servicios generales el cual siempre le dolía la cabeza cuando se tenía que hacer un oficio o trabajo, por lo tanto Carlos Christian quería guerra y guerra tendría, mira que vengo de familia que nunca acepto injusticias por lo tanto esta era una de ellas y debería ponerme las pilas y pelear no con dimes y diretes, más si con eficiencia y a manos limpias, fueron días muy pesados ya que quise tirar la toalla como vulgarmente se dice, estaba cansada de salir tarde de no disfrutar un momento de mi vida, de estar todos los benditos días en tensión, mucha gente estaba conmigo pero de palabra, no de hechos, por lo tanto le dije a Dios que no aceptaba lo que me estaba sucediendo porque era una injusticia y yo sabía que el tipo no me podía correr, porque si hubiese podido, lo hubiese hecho al instante como corrió a un amigo, pero conmigo no pudo, toda vez que siempre he sido eficiente, solo era un capricho de niño rico que quería satisfacer su hombría, por lo tanto no le daría gusto y aguantaría hasta más no poder, así que empecé a buscar a mis amistades que tuvieran un alto nivel político y me acorde de un ex-novio de una gran amiga, el cual me dio una tarjeta y se decía ser jefe de giras del C. Gobernador de nuestro estado, entonces ahí estaba la clave, le hable por teléfono y le conté mi problema y me dijo que era pan comido para él, ya que este amigo siempre le ha gustado impresionar por sus puestos políticos, así que era hora de que me impresionara con su poder, por lo tanto le dije haz lo que se te de tu gana, te lo dejo a tu inteligencia, pero haz que este hombre me deje en paz, hicimos cita con el subdelegado la cual mi amigo asistió pero como era un hombre muy ocupado, termino la conversación y no tuvo tiempo para decirme que le había dicho, pasaron dos años para que yo me encontrara a mi ex-jefe y él me pregunto:

-¿Thelma, Carlos Christian me dijo que el hijo de doña Ramona es tu amante?

Me reí por dentro a más no poder, pero me quede seria ya que no sabía lo que Héctor Fabián le había dicho, así que rápidamente lo busque.

El hijo de su mamá, me comento que cuando llego le pregunto al subdelegado el porqué quería despedirme, él le dijo:

-Que yo realizaba mal mi función administrativa y que no le gustaba como ejecutaba mi trabajo, pero Héctor Fabián le dijo:

-Que eso, no era verdad, que el sabia como trabajaba, que le dijera la verdad, que por mi sabía que él quería vivir un romance de un fin de semana conmigo y como no había aceptado, por eso me estaba fastidiando.

El subdelegado le dijo:

-Mira no me interesa esa parte, yo solo quiero su renuncia, a lo que mi amigo le dijo:

-Mi estimado si tú la corres me das en toda la torre, toda vez que Thelma es mi amante y yo la mantendré si tú la corres, así que te pido de favor deja de fastidiar a Thelma que es muy eficiente y si me está diciendo que tú le pediste un fin de semana le creo, así que tú dices.

Héctor Fabián se paró de la silla y se hizo a un lado el saco para que se le viera la pistola, por lo tanto Carlos Christian no quería aceptar así de fácil, así que este fantoche le dijo mira mano no quiero molestar al Gobernador por esto tan pequeño que lo podemos arreglar tu y yo, pero si Thelma me dice que la sigues molestando tendré que pedirle al Gobernador que te hable para que la dejes en paz, Héctor Fabián le enseño una de sus tarjetas donde decía que era el Jefe de Giras del C. Gobernador por lo tanto Carlos Christian le dijo:

-Mira mano por ahí hubieses empezado, esta todo claro.

Desde ese día Carlos Christian me dejo de molestar, y se quedó impresionado por el que se decía mi amante, hasta esta fecha me sigo riendo de la astucia de Héctor Fabián y de sus chismes pero me ayudó mucho, no me importaba la reputación que tuviera con Carlos Christian, que me importaba que pensara de mí, si eso hizo que no lograra su objetivo de despedirme del trabajo, eso me bastaba lo demás en mi conciencia todo estaba limpio y en santa paz.

A los pocos meses expulsaron a Carlos Christian de su puesto y llegaron otros nuevos jefes los cuales me los conquiste con mi eficiencia y ellos con las ganas que tenían de conocer Acapulco de noche no le daban importancia al trabajo, así que yo hacia la mayoría de las cosas, era el año de 1995 mi novio ya me tenía cansada con sus niñerías y yo tenía 28 años, una edad buena dijera la sociedad para contraer matrimonio, así que decidí terminar a mi novio con la excusa de que me quería casar en una semana la cual le daba y me dijo que estaba loca, por lo tanto se alejó, eso era lo que quería, así que andaba en busca de prospectos.

CAPÍTULO 4

Relaciones sentimentales que cambiaron la ruta de mi vida

Un día una amiga celebro su cumpleaños y me invito a la fiesta así que me dispuse a transformarme en lo más bella que pude y asistí: en esa reunión, encontré a un galán nada que ver con mi tipo de galán, ya que mi tipo es alto, moreno, delgado, atractivo y feo, pero que no espante.

En la fiesta había de todo comida, bebida y mucha salsa, pero no para los tacos sino para bailar, y esa música era mi pasión, digo era porque la he abandonado por días de vida, así que este joven me lo presentaron por lo cual hicimos una conversación muy amena, no me impresiono por su físico más si por su mucha palabrería es un licenciado en ciencias, cosa que yo no sabía ni jota, así que ahí me tienes tratando de hacer conversación, me salía muy bien, ya que si no lo sabía lo inventaba y si no lo descubría, tu sabes en el lapso de tú me impresionas yo te impresiono, siendo hipócritas hasta más no poder en fin, como había decidido terminar con mi novio, ese era el momento de hacerlo a un lado, ya que este joven era mayor que yo y se supone que andaba en busca de algo serio, empezamos una amistad donde el fin era de conocernos, yo haciéndome la muy digna de todo, el trataba de conquistarme haciéndome a un lado, o sea no dándome importancia lo entendí y me salió mejor a mí ya que yo tampoco le di importancia, salíamos al cine a bailar, hasta que un día no pudo más y me declaro su amor, la verdad yo no estaba convencida pero yo deseaba tener una oportunidad con una persona que en verdad quisiera tener algo serio conmigo, así que decidí darle la oportunidad pero no me confiaba mucho de él, ya que le gustaba ir al canta-bar y me dedicaba canciones con mensajes de que si algún día me separo de ti, acuérdate de mí con esta canción, como al buen entendedor pocas palabras, decidí poner una barrera y no enamorarme de él, decidí esto porque había algo dentro de mí que me decía que no me confiara de él, era un chico alegre, bailador, atento, me regalaba poemas y tarjetas hechas por el, eso me gusto, así que empecé a tomarle cariño llevábamos tres meses de novios y una noche de discoteca eran las dos de la mañana cuando me propuso matrimonio y en esa madrugada había decidido a que fuéramos a casa de mis padres era una locura que no le seguí, ya que no podía llegar a casa de mis padres así de simple, necesitaba analizarlo detenidamente, ya que todo era color de rosa, pero un día me invito a comer a casa de su mamá con sus hermanos, él vivía cerca de su familia así que después fuimos a su departamento toda vez que debería preparar su tema que daría en la radio, ya que era reportero de un periódico y él decía temas sobre el puerto en la radiofusora así que lo acompañe.

Le dije:

-Mientras tu preparas el tema para la radio y para no interrumpirte, me pondré a leer un libro y me quede dormida, así que estando dormida sentí que tenía a alguien cerca de mí por lo cual opte por abrir los ojos y ¡Oh sorpresa! vi en sus ojos una luz amarilla en forma triangular diferente a sus ojos y lo tire al piso, por lo cual él me dijo:

-¿Qué te pasa?

Molesta le dije:

Porque me veía así,

Él dijo:

-¿Cómo?

-No lo sé, pero no era tu mirada.

Opto por decirme:

-¿Estas loca?

Lo dejamos así, pasando otra semana de nuevo fuimos al departamento y ahí abiertamente le grito a satanás y se rió a carcajadas, después se calmó y me dijo que él era masón y que deseaba que yo estuviera ahí, le dije que sí pero no le dije cuándo.

Colgaba en su cuello, como su eterna acompañante una cadena de oro con un crucifijo, el cual lo tome para observarlo y al verle el rostro del que uno cree que es nuestro Señor Jesucristo vi un rostro de maldad el cual le dije:

-¿Porque tiene ese rictus?

Me dijo:

-Este es tu Dios,

Le conteste:

¡No es mi Dios! Puesto que el mío es amor, paz y felicidad.

Así que analizando todo esto, quería retirarme lo más antes posible así que empecé a tramar como lo alejaría de mi vida; como casi no nos veíamos por su trabajo, era para mi mejor, así estaría sola y analizaría como ahuyentarlo de mi lado.

En la fecha que se celebra la semana santa siempre en mi trabajo me daban dos días hábiles que se hacían cuatro con el fin de semana, así que le comunique que me iría a casa de mis padres los cuatro días, el me prometió que iría a visitarme y yo le dije que no fuera porque mi familia se le ocurre ir a la playa y no estaría, pero este cuate me dijo:

-No vayas a ninguna parte porque yo te iré a buscar a casa de tus padres.

La verdad yo no quería que fuera porque tenía dicho por mi mamá que no llevara a ningún novio a la casa, solo en dado caso que me fuera a casar si podía llevarlo y como no me iba a casar con él por sus locuras no debería ir a mi casa, en qué problema me había metido, ni modo tenía que enfrentarlo, así que le dije a mi mamá y este tipo cumplió su palabra y se hizo presente en mi casa.

Conoció a toda mi familia la cual se imaginó que me casaría muy pronto y la angustia carcomió mi cuerpo, más mi mente.

Tragándome todo, así que me regrese al puerto con él porque me dijo que quería platicar conmigo algo urgente, que no podía esperar más, así que le dije empiézale, mas él no sabía cómo empezar, le dije tan grave es, si es muy grave que no sé cómo empezar, no te preocupes por el principio o por el final, pero empiézale, así que empezó su historia.

Que él había estado casado en otro estado de México y que cuando se divorció se deprimió mucho y ahí había una chica la cual se estaba divorciando también y se ayudaron mucho en su depresión, tanto fue la depresión de los dos que decidieron vivir juntos y de esa relación la chica estaba esperando un hijo y lo mejor de todo es que ella llegaría a trabajar a las oficinas donde estaba trabajando yo, por eso él no podía seguir mintiendo y para hacer las cosas más reales de ser la ofendida me enfurecí y le dije que me había estado mintiendo todo ese tiempo que no me lo merecía porque yo era sincera con él, el cual opto por decir Thelma te amo, que hipócrita me resulto como puedes amar a alguien teniendo a otra embarazada eso no va conmigo, y me dijo, ella sabe que te amo, le he dicho la verdad que me voy a casar contigo, por favor Alberto casarte conmigo, no por favor, piensa en ese hijo que has deseado tanto, es tu oportunidad de ser padre por fin y me dijo cortante te he dicho que ella sabe de ti y necesito que me comprendas a ti te amo y a ella la quiero porque va a tener un hijo mío, por favor dame la oportunidad de demostrarte mi amor.

Para mi Alberto estaba fuera de mi vida desde el momento que empezó a descubrirse tal cual era, de tener ilusiones: que llegaría a ser presidente municipal, pero no sé con qué condiciones, así que debería ser astuta para que este hombre se decepcionara de mi lo antes posible, seguí saliendo con él, pero como su "señora" embarazada me espiaba o preguntaba cómo era mi comportamiento en la oficina y le llevaba el chisme a este cuate indeciso.

Como siempre he sido sociable con todos, siempre sonriente con hombres y mujeres y claro esta sino me caías bien o yo sabía que no era del agrado de la persona optaba por ponerme seria o desviarme del camino para no tener problemas así que no se aguantaba los chismes de su mujer embarazada.

Un día me grito que no le gustaba mi comportamiento, porque era muy coqueta con los hombres y que me parecía a su ex-esposa. Y dijo:
-¿Cuándo nos casemos saldremos a comer fuera? a lo cual le dije:
-Que una u otra vez se hará, a parte tendremos una señora que nos ayude con la limpieza de la casa.

Eso no le gusto ya que insistía que era como su ex –esposa, ¡claro! como todo macho mexicano quieren que la mujer trabaje todo el bendito día, que llegue hacer comida, que tenga la casa limpia, todo arreglado, que cuide a los niños, que tenga tiempo para ellos y ellos nada más trabajando y queriendo tiempo para los amigos: el muy descarado me dijo Casandra no es así, ella siempre tiene bien aseada la casa, mi ropa, soy su dios para ella, ella no puede vivir sin mí, entonces le dije que no había más que decir quédate con Casandra, ella es sumisa, tranquila y va a tener un hijo tuyo, pero me dijo yo te amo a ti, ¿Alberto tienes que escoger o ella o yo? porque yo me pongo en su lugar como mujer embarazada y voy en busca del padre de mi hijo y este me dice que me espere que tiene otra que dice amar, es penoso y frustrante, determinantemente le dije ¿ella o yo? (aclaro me puse en esta posición humillante porque no sabía cómo Alberto actuaría ya que era un enemigo que temer por lo tanto nunca yo hubiese aceptado este tipo de relación de poner a escoger a mi novio cuando todavía tenía dignidad, pero en ese momento tenía que saber cómo quitarme a mi enemigo de mi camino sin salir lastimada).

Él me dijo, nada más estaba esperando que me dijeras cualquier día de estos "esas palabras", entiende Thelma yo te amo a ti pero ella espera un hijo mío, okay le dije, dices que me amas, está bien nos casamos, pero te hago una pregunta y contéstamela con la verdad, sé que vas a ir a verlos dime:

-¿harás el amor con ella?

Me dijo: si, entonces quédate con ella porque si uno de mujer cuando se casa sabe que su esposo por mucho que te quiera o te amé a veces las mujeres provocativas envuelven al esposo y este las engaña por una noche, pero aquí yo iría a sabiendas que mi esposo me engañaría siempre y sabría con quién me engañaría, ahí fue donde cometí el error de gritar que eso era para mí indignante que no aceptaría tal cosa por lo tanto te puedes quedar con ella, el me suplico yo te amo a ti, como puedes amar a una persona y engañarla a la vez con otra, por favor, eso no va conmigo; y si yo te hiciera lo mismo ¿Qué pensarías tú? determinantemente dijo como todo macho, tú no puedes ver a otro hombre, tu eres mía, ha si ¿Cuándo me compraste? le conteste, y fue cuando él me dijo "nunca ningún hombre te va a querer" y siempre estaré yo en la esquina de tu cama viéndote porque te amo y serás mía y de nadie más, el cual le dije por favor Alberto, por supuesto que habrá hombres en mi vida y mejor que tú, porque tú no me respetaste, me mentiste y jugaste con mis sentimientos y yo fui sincera y honesta contigo así que te demostrare de lo que soy capaz, tú dices que ningún hombre se fijara en mí y yo te digo que me encontrare uno a la vuelta de la esquina y mejor que tú.

Nunca jamás me imagine de qué manera hablaba Alberto, porque yo al determinar que encontraría uno y mejor que él, fui en su búsqueda y lo encontré a las dos semanas después de la pelea con Alberto, era un joven soltero menor dos años que yo, nos hicimos amigos y empezamos a salir Luis Ángel no es un hombre guapo o atractivo pero es de buenos sentimientos, así que era mejor que Alberto, yo así le estaba demostrando a Alberto que si podía encontrarme un buen hombre en mi vida, pero cuál fue mi sorpresa un día que había quedado con Luis Ángel de irnos juntos a la capital del estado, donde también habita mi hermana, estando dormida sentí que entro por la ventana el cuerpo de Alberto lleno de luces de muchos colores el cual se puso encima de mi cuerpo y me empezó a decir frases de te necesito, te amo y yo en mi sueño me reía y le correspondía, pero después me aplasto al grado que desperté asustada y ya no me pude dormir, pensé que solo había sido una pesadilla, al amanecer me fui con Luis Ángel a Chilpancingo y me quede en casa de mi hermana el fin de semana, el cual disfrute saliendo con Luis Ángel, cuando nos hicimos novios con Luis Ángel todo era padre porque sentía su sinceridad y el buscaba una esposa, así pasaron tres meses de relación y Luis Ángel me pidió que me casara con él, el cual opte decir si, pero si no nos llevamos bien había el divorcio, así que empezamos hacer los preparativos de la boda.

Estando en mi trabajo me hablaron que tenía una llamada telefónica, acudí a contestar y cuál sería mi sorpresa era Víctor quien me hablaba. Víctor es el novio que yo tuve en mi pueblo, el chico de buenos sentimientos, a mí me sorprendió mucho su llamada ya que habían pasado ocho años después de terminada nuestra relación.

Víctor me hablaba en una forma muy interrogante y me preguntaba:
-¿Cómo estas?
Que si estaba bien,
Le dije que sí. Que estaba muy bien y que tenía planes para casarme en enero 20 de 1996.

Él me dijo que él se casaría en diciembre por lo cual nos invitamos a nuestras respectivas bodas. Pero, además, me contó que había tenido un sueño donde me ocurría un terrible accidente y fue al hospital a buscarme pero no lo dejaron verme ya que no tenía derecho a visitas, en pocas palabras que estaba muy mal de salud y él se preocupó por mí, razón por lo cual se asustó y me hablo para saber cómo estaba, como le dije que estaba bien nos despedimos no sin antes el me diera su número telefónico para podernos de acuerdo, con nuestras bodas y así asistir a ellas.

No me acuerdo porque tome la decisión de no seguir rentando y le pedí ayuda a una amiga para que me diera asilo en su casa, ella vivía con su hijo y yo viviría con Luis mi hermano más pequeño, toda vez que en el mes de enero me entregarían mi departamento el cual estaba esperando ansiosamente para ya no seguir pagando renta, más si mi departamento, así que estando con mi amiga que es una señora como mi mamá de edad me refiero, un día caminando por la calle la cual estaba plana me resbale lastimándome la columna, esto ya me había pasado una vez en el año de 1992 el cual soporte y supere así que decidí ir a mi quiropráctico el cual me ayudo, pero sucedía algo inexplicable en mi vida, que no comprendía, los pies no me respondían como siempre, sino que me caía por cualquier piedra que me encontraba por muy pequeña que fuera, un día estaba con mi amiga en la recamara acostada platicando al levantar la cabeza como veinte centímetros de la cama, todo giraba con una rapidez alrededor de mí y di un grito desgarrador, " a y u d a m e p o r f a v o r", regrese la cabeza a la cama y se me quito, así que con miedo subía la cabeza y veía las cosas volar sobre mi cabeza, por miedo permanecí acostada, pero tenía hambre y ganas de mis necesidades fisiológicas, así que le hablaron a mi novio y el enseguida vino y me ayudo a ir al baño así como me llevo al hospital donde me dijeron que no tenía nada, pensando que fuera una infección en el oído, como los pies y las piernas no me llevaban el ritmo de caminata que daba normalmente, con curiosidad me toque la piel abajo de la rodilla y sentía que tenía muerto el pedazo de pierna, me asuste, mi salud se iba deteriorando día con día, así como mi columna vertebral, la cual un día al mirarme al espejo solamente con bikini se veía completamente desviada la columna, o sea el lado derecho de la cadera estaba más alto que el de la izquierda y eso me aterraba porque el dolor era insoportable, así que fui con mi quiropráctico el cual es famoso en Acapulco y me estuvo dando masaje pero le costó más trabajo que las otras veces así que este quiropráctico me dijo, hija ¿tienes enemigos? le conteste que no, y él me dijo: hay una persona morena de pelo rizado que te está haciendo mal, ten mucho cuidado con ella, me quede pensativa . . . nunca he sido mujer que quite marido o novio o una persona que complique la vida de los demás, yo sabía que tenía gente la cual no le caía bien como dice el dicho "no soy monedita de oro para caerles bien a todos" no niego que con mi carácter mandaba a la gente por un tubo si yo tenía razón tenías que tener cuidado porque te gritaba hasta más no poder, pero enemigos de muerte no creía tener, así que era el mes de julio del año 1995 y mis ganas de casarme se habían esfumado en vez de amar a Luis Ángel sentía que lo repugnaba, el tan atento conmigo y buena persona, él es un licenciado en administración de empresas por lo tanto este joven no tenía un buen trabajo en Acapulco y un día se le ocurrió decirme que iba a ver a una señora para que le leyera las cartas y así le dijera el porqué de su mala suerte y como conquistar un buen trabajo, sí que me enoje con él, le dije que eso no estaba bien que tuviera más confianza en Dios que a él se lo pidiera y que buscara a sus amistades políticas para que le ayudaran, por lo tanto me prometió no verla, porque yo sabía que no era bueno consultar a las brujas ya que a Dios no le gusta que uno sepa el futuro, en eso quedamos, soporte a Luis Ángel hasta más no poder, porque él no tenía la culpa, yo lloraba porque no me quería casar, mis amigas no aceptaban que fuera así ya que me estaban juzgando que estaba jugando con los sentimientos de Luis Ángel pero no, yo sentía algo dentro de mí que necesitaba una explicación, así que en la casa de mi amiga su hijo dijo que vendría una bruja de la ciudad de México que era muy buena como bruja blanca o sea que no hace mal a nadie, así que empezamos a invitar a la gente que le gustaba que le lean las cartas, yo invite a mi amiga Vicky la cual asistió, la verdad yo tenía curiosidad por saber que me pasaba ya que los médicos no me encontraban solución a mis males y se acercaba el mes de casarme enero 1996 y yo estaba más fuera que dentro, así que le dije a mi amiga pasa tu primero, no sea que esta vieja me diga que me voy a morir mañana, mi amiga paso y tardo como dos horas o más y salió llorando a moco tendido, le dije:

-No le creas a esta vieja; ¡solo quieren quitarnos el dinero y te mienten!
Con lágrimas en los ojos me contó la historia que le dijo la hechicera: "que ella se casaría y tendría dos hijos pero que se divorciaría y, además seria madre soltera" profecía que hasta en este momento tiene todo cierto, tiene dos hijos y es madre soltera.

Así que entre a la recamara y al momento en que me entrega las cartas para dividirlas; es decir hacer dos partes, la energía eléctrica se apagó en la recamara. Pensé por mis adentros: será para darle, a la bruja, más realce a su acto, la cual opto por decir:

-¿Qué traes tú? Acto seguido empezó a leer las cartas y me dijo:
-Hace ocho meses tuviste un novio de piel morena; el cual desea que regreses con él, te quiere para él o para nadie, o sea: "Thelma viva para él o muerta"

-¡Dios! por eso no quería entrar. Y continúo diciéndome:

-Mamacita debemos actuar inmediatamente si no te me mueres, si esto no ha pasado a mayores, es por el carácter que tienes. Este hombre es un ser sucio siempre ha conseguido mujeres de esta forma, por eso tienes problemas con los pies, por eso no te vas a casar, vas a perder tu trabajo en fin todo.

-Temerosa pregunte ¿Qué debo de hacer? me dijo:

-En este momento tráeme un huevo y asentó con voz firme.

-Te diré la primera letra del nombre del hombre que te está haciendo daño, así que me paso lentamente y con sus letanías a flor de labio, el huevo por todo mi cuerpo y al abrirlo salió en la parte de la yema del huevo, la letra "A" con lo blanco de la clara del huevo.

-¡Oh Dios mío! yo sabía al momento que ella dijo del novio de ocho meses era Alberto.

Quien más quería hacerme daño solamente él, ya que al no aceptar sus condiciones se enojó conmigo, pero como sabía de antemano que no era tan fácil convencerme por mi manera de pensar, el actuó de esta forma vengándose de mí, pero no como hombre sino como un cobarde escondiéndose detrás de una brujería para que volviera con él o sino mejor muriera, me quede sin habla no sabía que decir ya que nunca me atrevería hacer daño de ningún modo.

Esa noche no dormí porque estaba enojada al 100% con Alberto ya que no tenía ningún derecho de hacerme todo esto, así que analizando todo era yo la ofendida, Alberto me había engañado teniendo dos mujeres a la vez y una de ellas embarazada así que viéndolo crudamente yo sería la que le hubiese hecho todo este daño por haberme ofendido, en cambio lo que hice fue hacerme a un lado, toda vez que su manera loca de ser me había decepcionado, él tenía problemas de superioridad y tenía ganas de lograr objetivos a corto plazo y que yo sepa a corto plazo, solamente se logran las cosas sucias, las ilegales pero luego caen por su propio peso, porque serás feliz pero momentáneamente pero después todo será una ilusión, le pregunte a la bruja que debíamos hacer ya que no estaba dispuesta a morir porque un hombre se le había ocurrido que yo muriera por no aceptar ser su esposa, me hizo limpias y a raíz de eso se me quito lo de la piel muerta de las piernas como de la pantorrilla, tuve que pedir dinero prestado para quitarme todo lo malo así como para irme con la bruja a la ciudad de México, ya que debería hacerme otro trabajo, estuve cuatro días en casa de esta mujer viéndola como trabajaba en sus hechicerías, me sentí estúpida, en ese viaje que hice nos acompañó la novia del hijo de mi amiga con quien vivía, ella no amaba a Carlos amaba a otro joven, que era un tipo muy guapo pero loco, así que me pidieron que no dijera nada, ya que harían un conjuro para atraer a este tipo porque ella tenía ganas de verlo, pusieron una vela negra con la fotografía del tipo y esta amiga exactamente a las doce de la noche le hablaba que deseaba verlo, a los dos días el tipo estaba con nosotras comiendo en un restaurante y esta niña le fue infiel al hijo de mi amiga, por lo cual me quede callada yo tenía mis problemas y deseaba solucionarlos ya que al darme cuenta de todo lo que hizo Alberto me llene de rabia y coraje contra este tipo y me dije que no se saldría con la suya.

Me había quedado anonadada con la magnitud del problema ya que no sería capaz de matar a alguien por no casarse conmigo, me sentía infeliz, llore profundamente, no me merecía todo lo que me estaba sucediendo, así que le diría a Luis Ángel y él me comprendería ya que no sentía deseos de casarme, quería está sola sin ningún hombre en mi vida, quería empezar todo de nuevo; y, por lo tanto debería enfrentar el problema del casamiento, así que me arme de valor y al llegar a Acapulco le pedí a Luis Ángel que por favor se diera tiempo que deseaba platicar con el urgente, y acudió a mi llamado.

Le conté con detalles todo y el final era que ya no quería nada con él, que me disculpara pero estaba pasando por una crisis emocional que deseaba estar sola para solucionar mi vida y algunos detalles existenciales; él no quería aceptar pero al final le llore.

Le pedí disculpas el acepto. Por lo tanto él le comento a su familia, tanto su papá como su mamá acudieron a verme a Acapulco y la mamá me regalo una Biblia, el papá que es un ser amoroso, me abrazo, llore y él me dijo con voz cálida y preocupada.

-Tranquilízate hija que cuando fuimos con Luis Ángel a ver a la bruja ella nos dijo que tu sufrirías un accidente automovilístico y ahí morirías, -¡Oh Dios mío! pensé Luis Ángel fue con la bruja a pesar que le dije que no lo hiciera y el acudió con su papá, a mí me sorprendió ya que la familia de Luis Ángel no salen de la iglesia católica y siempre de misa en misa, me acuerdo que la mamá de Luis Ángel me dijo que leyera el salmo 91 que es para tu protección, así que lo leía con vehemencia todos los días y las noches siempre anduve con la Biblia cada vez que viajaba, ya que las palabras del papá de Luis Ángel se me quedaron grabadas y leer el salmo 91 me daba la fortaleza de no tener temor cuando viajaba en sufrir un accidente, para mí era un martirio viajar en un autobús o en lo que fuera, me acuerdo que la familia de Luis Ángel siempre estaba pendiente de mi para que yo volviera con Luis Ángel nuevamente, pero yo estaba como ida, mi cuerpo presente pero mi mente volaba de pensar si hubiese muerto, así que aceptaba todas las invitaciones que me hacían porque sabía que le había destrozado el corazón a Luis Ángel, pero era mejor así y no tener un matrimonio que fuera un fracaso rotundo, no era mi pensamiento de hacer daño a la persona, prefería herir a Luis Ángel en ese momento que toda una vida, así que me insistían que a Luis Ángel le había hecho daño también la brujería que Alberto me hizo, el cual yo no creía, en una palabra me envolvieron y en año nuevo dijeron que ellos habían consultado un brujo que era buenísimo y que les había dicho que necesitaba más ayuda ya que lo que me habían hecho era muy fuerte, o sea metiéndome miedo, así que se me ocurrió platicarle a mi amiga Ana, porque ya me tenían cansada con sus persecuciones en llevarme con ese brujo, ella ignorantemente me dijo otra limpia no es mala, pensándolo así de simple, decidí acudir a la fiesta de año nuevo y ahí me dieron de comer como tomar una bebida alcohólica, y a principios de enero el brujo estaría.

Asistí muy puntual a la cita, la sorpresa para mí fue que la mamá y uno de sus hijos no estaban en la casa, solo Luis Ángel, sus hermanas y su papá; el brujo empezó y todo mundo se hizo limpias y vi que la vela la cual era mía era más grande que todas, dijeron que era por lo mismo, acepte de mala gana, me regrese a Acapulco para trabajar, estaba feliz ya que ya no sufría de mis pies por fin usaría tacones altos, era el cinco de enero de 1996 por lo cual empecé a pedir cooperación para el 6 de enero, debido a que en México se acostumbra a partir rosca de reyes y se toma chocolate, ese día camine mucho con mis zapatillas por lo tanto termine cansada y en la noche me dolían los pies, pero poniendo los pies en alto descanse y al otro día al levantarme no podía caminar debido a que sentía un dolor muy fuerte en el talón derecho, que gritaba del dolor, porque era insoportable así que hable a mi trabajo que no iría, en ese momento me hablo Luis Ángel para preguntarme como estaba, me puse a llorar y le dije que muy mal, que me dolía mucho el talón y al ponerlo en el piso me daba un piquete muy fuerte que no me dejaba caminar, él me dijo "el señor dice que tienes que venir para hacerte las dos limpias que te hacen falta para que estés bien", le dije yo estaba bien hasta que me hicieron esa limpia, ahora estoy mal, no quiero saber nada de brujos ni de limpias por favor, así que le hable a la bruja que me había ayudado la primera vez para decirle lo que me estaba sucediendo, porque ella me prometió protegerme por un año, en ese momento me leyó las cartas y me dijo voy el fin de semana a Acapulco por ahorita ponte una sábila caliente lo más que aguantes y así lo hice, a los dos días volvía a la normalidad, cuando vino la bruja me leyó las cartas y me dijo te casas en abril muy enamorada, a mí me sorprendió todo, toda vez que yo ni novio tenía menos pensar en casarme, se enojó mucho conmigo y me dijo:

-¿Qué has hecho?

-No le mentí le dije lo del brujo y la limpia que me había hecho, ella siguió leyéndome las cartas y me dijo Luis Ángel está desesperado no quiere perderte y su mamá lo acompaño para ver el brujo y entre los dos planearon para hacerte creer que necesitas más limpias, para que así con esas limpias tú te enamores de Luis Ángel y te casas en abril, porque la mamá está viendo como sufre su hijo, me llene de rabia, coraje, rencor, odio, hacia Luis Ángel y a su familia, le dije quítame todo, yo no me voy a casar con este tipo y menos tendré que ver con una familia que vio mi sufrimiento y ahora hace lo mismo, que tipo de familia es que cree en Dios y hace brujerías, la verdad me confundí toda y clame a Dios, le pedí que me ayudara que no podía con tanta maldad, si yo me sentía culpable porque yo conquiste a Luis Ángel para lograr mis propósitos de que Alberto viera que yo podía tener un novio en mi vida y que al ver a Luis Ángel con buenos sentimientos, eso me ayudaría para tenerle un cariño que iría creciendo con el tiempo, pero ahora el niño de buenos sentimientos, era un estúpido manipulado por su mamá, el cual lloraba que era infeliz por haberlo dejado plantado por no casarme con él y como toda la familia lo veía que sufría, todos estaban de acuerdo en llamarme y decirme cuan infeliz era Luis Ángel, que se emborrachaba diario y era un debilucho, así que le di a la bruja los nombres de toda la familia para que me dejaran de fastidiar.

Mucho tenía que soportar mi carga de culpabilidad en utilizar a Luis Ángel para darle a demostrar a Alberto que si podía tener novio y por lo tanto la familia de Luis Ángel se retiró de mi vida, pero me llene de odio mi corazón contra Luis Ángel más que para Alberto que me deseo la muerte, puesto que pensé que Luis Ángel me comprendería y estaría conmigo como amigos y poco a poco centrando y revalorando mis emociones volvería con él, pero no de la forma en que Luis Ángel había actuado, porque con eso él estaba actuando como Alberto, así que un día platicando con un amigo acerca de mis problemas me dijo:

-La brujería te ha llegado porque no estás bien con Dios.

Pena y tristeza me invadieron, puesto que siempre que terminaba un largo día de trabajo y me iba a la cama mi rezo del padre nuestro estaba presente. Lo mismo cuando salía de mi trabajo le pedía a Dios que me cuidara y cuando estaba presto a dormirme le pedía que cuidara a mi familia.

Estaba triste ya que yo creo en Dios, y eso que me dijo de no estar bien con él, me dolió hasta lo más profundo de mi ser, por lo tanto, buscaría a Dios.

CAPÍTULO 5

En busca de Dios

Sabía de antemano que Alberto no estaría feliz de verme viva., así que me acorde de un amigo sacerdote de la iglesia católica, fui en su búsqueda y le narre mi problemática de principio a fin, el predicador me escuchó atentamente y me envió a un grupo de jóvenes católicos solteros, así como me dio una serie de títulos de libros para que yo leyera, no perdí mi tiempo y acudí a ese grupo, donde tenían sus reuniones en una iglesia todos los martes a las ocho de la noche, era un salón exclusivo para las reuniones de jóvenes, que estaba lleno de imágenes y con un Cristo crucificado grande en el centro de la pared, por lo tanto acudía continuamente, toda vez que yo quería estar bien con Dios y ese era mi objetivo, ya que temía volver a enfermarme sin explicación médica, así que en las reuniones leíamos la Biblia uno que otro versículo, los líderes eran hombres y mujeres y daban temas referente a que un hermano o hermana no podían coquetear y como regla debíamos asistir los domingos a misa, invitar a solteros y se hacían retiros espirituales los cuales asistí a uno un día viernes en otra iglesia donde cantábamos alabanzas a Dios, unos llorábamos por nuestros problemas y sentíamos alivio al final porque habíamos buscado a Dios.

Como toda una persona que le gusta aprender más y más, deseaba estar dirigiendo un grupo, decir un tema o hacer algo no nada más estar sentada, yo quería participar, no me acuerdo si dure uno o dos años, pero la chica que estaba en mi grupo de nombre Vicky le dije que deseaba ser líder para dar un tema y mi pregunta fue, de ¿Qué paso debo seguir para dar un tema? ella me dijo que tenía que esperar más tiempo, por lo tanto deje pasar el tiempo y llego la navidad con todos sus regalos y las obras de teatro representando al diablo y a Dios, en el reparto de la obra fui un rey mago, donde llevaba no me acuerdo si la mirra, el oro o el incienso, pero me vestí como rey mago, llego enero y todo seguía igual, decir temas, leer un poco la biblia y hacer una que otra reunión con tus hermanas, nunca le dije a una de ellas hermana o hermano porque no me salía de corazón, me sentía hipócrita y la verdad no era buena para ser hipócrita ya que siempre decía la verdad y de frente, un muchacho me dijo ya te acostumbraras, él se llama Ricardo y daba temas sobre Dios y hablaba mucho de Dios (a él, en el año 2002 me lo volví a encontrar y por otro poco me lo llevo para que lo mataran, ya que era la victima perfecta, porque él se quería suicidar y yo simplemente le iba a dar un empujoncito para que lo lograra su objetivo) así que un día de enero se me ocurrió preguntar si podía pertenecer al grupo de líderes o que debía hacer para poder ser líder, me dijeron que debería esperar y en esa espera mis días de angustia continuaban ya que yo tenía una comunicación con Dios escrita y estas son unas de tantas cartas que le escribí a mi Señor Jesucristo.

"Lamento fracasar en mis intentos de llegar a ti, me vence mi carne, siento pena por mí, reflejo una inseguridad completa, perdóname por decir y hacer lo que no soy realmente, no soy hipócrita simplemente trato de ser fuerte, pero soy muy débil, me dejo llevar por mis impulsos, estos dolores de garganta, manos y pies me hacen sentir que no llegare a mas, me derroto ante poco, digo porque analizo tu muerte y sé que diste demasiado por mí, que lo que yo tengo es una milésima parte de tu muerte, perdóname y dame la oportunidad de seguir tus caminos, que cuando me llames yo esté bien, no confundida como ahora, con estos arrebatos.

Dios en nombre de tu hijo Jesús, te pido me ayudes en mis siguientes peticiones:

Que mi fe se fortalezca día a día

Que mi hermano Luis tenga un empleo

Que pueda ayudar a mi mamá económicamente

Que me compre mis lentes graduados

Que encuentre a mi pareja con quien forme un hogar digno de ti, entregándote nuestra alma, cuerpo, espíritu los dos, como los hijos que me darás, que crea en ti o si no yo le ayudo para poner fin a sus confusiones.

Que mi salario me alcance

Que mi columna vertebral se arregle por ti Señor, ya que tú eres el doctor y solo puedo confiar en ti mi columna.

Señor Jesús cuida a mis papás, a mi hermana Carolina, José esposo de mi hermana que encuentre trabajo, mis sobrinos Ilse, Elisa y José Luis, mis hermanos Saúl y Luis, ayúdalos, bendícelos y cúbrelos con tu preciosa sangre cada día de sus existencias.

Señor Jesús bendice mi trabajo, a mis amigas de mi trabajo, a las personas que me tienen coraje, envidia, bendice a quien me maldice en mi trabajo.

¡Mil gracias Señor Jesús!

Señor Jesús te pido que ayudes a los que gobiernan los municipios y los estados que sean conscientes que todo mal como empieza mal termina, porque el dinero no es todo, más si estar espiritualmente bien con Dios.

Señor Jesús permite que está tu hija tenga todas las ganas del mundo de vivir, porque tu le darás mas de todo lo que le haz dado por favor no me dejes caer en tentación y líbrame del mal, cuidando mi cuerpo, mi alma y mi espíritu, "todo" porque soy tuya Señor Jesús.

Señor Jesús haz que mi vida se transforme para bien y yo pueda ayudar a muchos jóvenes, dame el don de convencimiento para evangelizar, por piedad señor eso me hará sano.

Señor Jesús te doy las gracias por darme este día.

Padre mío, Jesucristo por piedad ayúdame, bendíceme y cúbreme con tu preciosa sangre para que yo no le tenga miedo a ningún humano, más que a ti que eres poderoso, abre mi corazón mi alma y mi espíritu que estoy deseosa de tu amor, bendito y alabado seas por siempre mi Señor.

A Jesús tengo en mi corazón.

Señor Jesús: sé que es muy difícil aceptarte porque entiendo sobre el camino angosto, me está costando trabajo, pero es muy agradable estar cerca de ti, te quiero y no me gustaría perderte.

Gracias padre por tenerte junto a mi
Gracias por los papás que me diste
Gracias por mis hermanos
Gracias por mis sobrinos
Gracias por mi trabajo
Gracias por mis amigos
Gracias por mis enemigos
Gracias por mi salud
Gracias por mi departamento
Gracias por darme de comer
Gracias por darme de vestir
Gracias por mi calzado

Gracias Dios por permitirme darte las gracias por todo lo que me rodea.

Dios: solo tú conoces que destino tengo, admito que me gustaría saberlo, pero a la vez deseo que permanezca como tu deseas, tengo un deseo de encontrar una buena pareja comportarme tal cual soy., casarme como tu mandas y tener hijos, sé que te pido mucho pero es lo que deseo y añoro paz, tranquilidad y un buen matrimonio cristiano.

Padre, Dios Jesús perdóname y dame la oportunidad de continuar esta vida, padre que no se haga mi voluntad sino la tuya.
Gracias por los días de alegría como de tristeza.

Dios: Tu que sabes realmente mi vida, pensamientos y todo lo que existe a mi alrededor, siempre te estoy diciendo que me des una oportunidad de que mi fe por ti sea inmensa, que no peque con hechos y palabras me reconozco pecadora, pero también solicito piedad para ayudar a este cuerpo que me has dado para cuidarlo ya que mi columna está muy mal, pero sinceramente trato de no darle importancia para no ser infeliz, la infección de la garganta me la checare en esta semana, el dolor de manos y pies, sé que es mi columna, Dios por favor ayúdame ten piedad de mí y que poco a poco resuelva los problemas de salud que por ahora tengo.

Señor Jesucristo porque a través de ti llego al Dios omnipotente te doy las gracias inmensamente por ayudarme con la gente que me quería hacer daño, te amo, te quiero y siento tu presencia en mi vida cada vez que veo el mar, lo verde de los árboles, lo azul del cielo como el mar, los animales, los niños, padre por tu inmenso cariño debo decirte que soy feliz por todo lo que me has dado, padre te agradezco inmensamente lo feliz que soy, porque me gusta que cuando tengo problemas me agarro de tu mano y no te soltare jamás, son muchos los favores que me has hecho por los cuales te estoy muy agradecida y siempre lo estaré.

CARTA A LUIS ANGEL:

Lamento decirte que cuando te conocí, solamente pensé en ti como tabla de salvación y te acepte, gracias a ti y Alberto me acerque a Dios, fue doloroso pero ha sido todo un éxito para mí, ya que he conocido a Dios, perdóname por haberte hecho daño, nunca fue mi intención, le pido a Dios que te bendiga en todos tus proyectos de tu vida, ya que eres un buen hombre y mereces la oportunidad de ser completamente feliz.

CARTA A ALBERTO

Sé que eres un hombre que fácilmente se deja seducir por las cosas materiales, así como de gobernar el mundo de los demás, la verdad me hiciste mucho daño, pero a través de tu mal, me fui preguntando día con día lo extraño de la brujería, el poder de matar a otras personas y el porqué de la existencia humana de ser infeliz y de buscar la felicidad completa., le agradezco a Dios el ponerte en mi camino la verdad en el año 1995, te insulte y llore inmensamente buscando el porqué de tanta maldad dentro de ti en quererme matar por una simple razón de no aceptarte como esposo, toda vez que tenías a otras dos una soltera y la otra embarazada, pero ahora en el 2002 le agradezco inmensamente a Dios el conocerte, porque si no hubieses estado en mi vida, no sé qué sería de mí, tal vez aburrida debido a que las cosas materiales llegan en un momento que te aburre porque sigues teniendo vacío el corazón y ahora soy una señora con un corazón lleno de amor para ti como alma como para toda la humanidad.

¡Dios!: dame sabiduría divina para que pueda ayudar a mi hermana Carolina con sus hijos y esposo, por favor Señor te lo pido humildemente que me enseñes como sanar su corazón de todo lo negativo que le rodea.

¡Gracias padre que me has escuchado!

En la iglesia siempre nos decían que deberíamos orar sin cesar que la humildad es la base de oración, que orar es hablar con Dios, que nuestro carácter y tu oración son importante y nos ponían como ejemplo el nuevo testamento en Lucas Capitulo 18 versículo del 9 al 14, en el cual nuestro Señor Jesús habla en parábola sobre el fariseo y el recaudador de impuestos con sus diferentes formas de orar. Que la espiritualidad es: como el Espíritu Santo quiere que sea nuestro espíritu.

Que el rosario es el látigo contra el demonio, es el arma precisa.

En las mañanas orar quince minutos o más y que deberíamos orar cuando estuviéramos más necesitados, así como rezar un rosario una vez por semana (este nunca lo rece toda vez que me parecía muy aburrido hacer tanta repetición).

Estar consciente de los dones que Dios nos dio, los llevemos a cabo y seamos humildes.

Así que decidí abandonar este grupo que solamente me quería tener sentada y eso a mí no me gustaba, por lo tanto seguiría buscando a Dios ya que al leer la Biblia, leí donde Dios es celoso y solamente a él puedes adorar y a nadie más que a él, así que con ese pretexto de ver las cosas al revés, decidí abandonar la iglesia que en nada me ayudo y me cerró las puertas para no ser líder (Dios supo por qué se me cerraron las puertas y se lo agradezco inmensamente debido a que si me quedo no estuviera escribiendo todo esto) por lo tanto me quede sin ningún día para estar con Dios y eso no me gustaba.

Una compañera de trabajo en ese tiempo me invito a los testigos de Jehová para que asistiera a su iglesia, bendito Dios que nunca le hice caso y no lo hice porque al tener mi amistad con ella me di cuenta de muchas cosas, siempre le platicaba de mi novio, lo que deseaba que supiera, nunca la verdad, ya que ella me mentía terriblemente., ella tiene dos hijos y un hermoso nombre, digo hermoso porque es como el de mi madre, Alejandra., sabia por ella que en su niñez había sufrido mucho, pero no lo había superado, por eso se comportaba como una mujer sin escrúpulos no abiertamente sino bajo el agua y eso lo descubrí poco a poco como fueron pasando los meses, ella tenía como treinta y cinco años y en ese tiempo se enamoró perdidamente de un hijo de una compañera que tenía veinte años, fue una locura, me acuerdo que en una plática con ella donde al separarse con su esposo con papeleo y todo, su esposo le pidió que volvieran y ella le dijo que no, que deberían de casarse ya que sería pecado estar juntos sin casarse, lo cual le dije que no era más pecado acostarse con un jovencito de veinte años, ella me dijo que no porque eso era amor, como me reí, pero más disfrute la risa porque no me quedaba otra fue el día que le presente a mi novio que tenía en turno y se enamoraron y me quede sin novio y sin amiga, en fin no valía la pena ni el uno ni el otro, así que deduje que en los testigos de Jehová no estaba Dios, debido al comportamiento vergonzoso de un miembro de esa iglesia., por lo tanto en esa religión no entraría.

Una señora de mi trabajo me invito a la comunidad cristiana de Acapulco, la cual asistí, pero como llegamos tarde ya no le encontré sabor a la reunión y como no me tomaron en cuenta como quería no me gusto, pero también porque en donde yo trabajo hay miembros de esa comunidad cristiana, donde había una que siempre estudiaba la biblia en el trabajo y juzgaba a la gente referente a su comportamiento de la persona, otras de esa misma comunidad cristiana bailaban, andaban en chisme, se metían en la vida de la gente, groseras y yo sabía que debería de haber una disciplina, por lo tanto también deduje que ahí tampoco estaba Dios, debido al comportamiento de mis compañeras, así que por eso decidí que no entraría a esa comunidad.

CAPÍTULO 6

Buscando a Dios a mi manera, encontre a satanas

No encontré en esas iglesias a Dios, pero no lo encontré porque soy muy exigente digo, debo de ver una diferencia en la gente que te dice que Dios existe y se vean cambios en todos los aspectos económicos, espirituales de salud, de comportamiento y ¡claro esta! como no lo vi en las personas que se dicen que son cristianas y aparte porque yo no quería someterme a cualquier religión ni a Dios sino que quería creer en Dios pero seguir haciendo lo que me agrada, o sea mi voluntad mi querer, como es el seguir mintiendo, robando, diciendo groserías, bailar hasta cansarme y tomar una que otra copa que al fin no hace daño, prostituyéndote y no es que estés en las esquinas prostituyéndote no y mil veces no, los hombres como las mujeres nos engañamos cuando decimos que no somos prostitutas (os) porque no estamos parados en una esquina como lo suele hacer una prostituta , cuando eso es una vil mentira lo que sucede que nos prostituimos pero porque andamos de hombre en hombre o de mujer en mujer y nos acostamos con ellos y eso es prostituirse fuerte y pesado es la palabra pero es la cruda realidad porque al momento que tienes una relación y ya no funciona dices el que sigue pero te acostaste con él y con el que viene seguirá también, eso es prostituirse como dijera una amiga soy prostituta pero decente ja ja ja o sea que tu solo lo sabes no toda la sociedad, sí que me reí hasta cansarme por engañarnos dulcemente.

Así que viendo mi necesidad de amor, dinero, salud, paz espiritual los cuales no tenia y nadie me daba una explicación decidí probar con la amiga de mi compañera de trabajo para que me leyera el presente y esta me dijo que solo era pasajero así que me hice amiga de esta señora y un día me dijo que llegaría a su casa un señor que le decían "el maestro", el cual daba clases de cábala, yo no sabía que era, pero era referente a Dios me intereso ya que sabía que debería tener tiempo para Dios, así que lo conocí, era un señor de sesenta años, alto, delgado, bien parecido, atento caballero, a mí no me daba confianza un 100% así que me mantendría alerta, por lo tanto entre al grupo de cábala asistiendo los lunes los cuales eran de sanación para tu cuerpo físico y como poder ayudarlo, los días martes era de alabar a Dios así que tenía dos días para mi cuerpo y para mi alma, yo era las más joven del grupo y la pobre porque la mayoría eran de la alta sociedad, pero eso a mí no me importo ya que a veces las de alta sociedad son de baja sociedad por tener tanta vanidad en el cerebro y viven de palabrería, así que este señor se me acercaba mucho y trataba de hacer conversación y acepte; era un tipo que al principio me inspiro respeto y poco a poco nos fuimos ganando mutuamente la confianza, él quería tener un grupo fuerte de cábala en Acapulco ya que tenía uno en el Distrito Federal, otro en Cuernavaca Morelos y tres en Acapulco, así que se la pasaba toda la semana viajando, cada vez que venía a Acapulco, tomábamos el café y platicábamos referente al grupo, ya que había muchas personas que entraban al grupo por diversos problemas con el esposo, los hijos, económicos, brujería, santería y demás, yo le conté mi situación de la brujería que me había hecho Alberto para matarme y él me dijo que no preocupara toda vez que yo, ahora era más fuerte que Alberto así que confié en él y determine que así era ya que una vez Alberto me miro en el café con mi amigo Felipe, se sorprendió de mi existencia, así que este disque "maestro" me decía que debería ser atrevida lo cual yo ya era y me gustaba tener retos, así que con los salmos de la Biblia y me compre un libro en el mercado donde venden todo para hacer brujería que nos dijo "el maestro" y con este libro y la biblia hacía y deshacía a mis amistades como a mis enemigos, fue nuestra amistad tan bien que yo no pagaba las clases, mis compañeras pagaban $150.00 pesos por cada clase yo nada, tu sabes era la valiente del grupo, la atrevida.

Así que todos los martes me reunía para hacer oración a mi Señor Jesucristo, me acuerdo que estábamos a finales del año 1999 y se acercaba el año 2000 y yo tenía problemas con los pies, garganta y las manos, desde el año 1997, sin tener explicación, los doctores que no eran reumas, la garganta que tenía una infección pero se me quitaba mientras tomaba la medicina y después continuaba, era feliz porque tenía paz en mi trabajo.

Como hice una buena amistad con "el maestro" lo llegue a considerar como un papá, toda vez que con el señor Florentino siempre ha sido difícil de tener una comunicación por su carácter y asimismo por la distancia él nunca estaba conmigo, así que este señor se ganó mi confianza como yo la de él, en múltiples ocasiones tomamos café como unas copas de vino y platicándole que en las noches me daban pesadillas muy fuertes me dijo que entre el sueño les dijera que yo conocía a "el maestro" en ese momento no le di la importancia que le doy ahora, toda vez que en ese momento yo quería una solución para mi problema y lo hice y dio resultado.

Estando en el grupo de las señoras de la sociedad, hubo pleitos dimes y diretes, sinceramente no supe porque, pero se desintegro el grupo y como yo no quería dejar sin seguir alabando a mi Señor Jesucristo seguí el grupo hasta otra casa, donde conocí a otras personas, este grupo lo integraba la mamá y dos hijas, una amiga de ellas María, Miriam y su hijo así que cada martes era de pachanga porque nos daba gusto vernos, me di cuenta que ellas sabían mucho de la cábala toda vez que decían la importancia que tenía en sus vidas, yo la verdad me quedaba anonadada, toda vez que siempre que hacíamos la oración siempre estaba conmigo mi Señor Jesucristo y nadie más, así que este señor tenía tres grupos en Acapulco y en el mes de diciembre nos reuniríamos todos de los tres estados de México, Cuernavaca y Acapulco, éramos bastantes los cuales todos pagaban $150.00 pesos y este cuate tenia buen dinero porque siempre me llevaba a buenos lugares a cenar como a tomar café y yo seguí sin pagar, platicando con "el maestro" un día desde las nueve y media de la noche hasta las dos de la mañana me dijo el fin de la cábala, que todo lo que tú te propusieras lo lograbas, que era solo cuestión de ser valiente y fuerte y que me olvidara de los grados que era importante la valentía, como yo le platicaba mis problemas de mi trabajo él me instruía y con los salmos de mi Biblia y con un libro donde viene una oración por cada salmo, o sea primero leo el salmo de la biblia y terminas con tu oración del libro correspondiente a cada salmo, yo siempre leía el salmo para buena suerte, el salmo para dominar a las demás personas, fue así como domine a mis jefes como a mis enemigos, el salmo de la prosperidad (que nunca llego sino perdí todo), el salmo para quitar dolores (que nunca me los quito) el salmo para el amor (que nunca llego) él me decía que eso me ayudaría y la verdad si me ayudo en mi trabajo pero en lo demás no, más en mi vida sentimental así que le pregunte por qué los hombres no se quedaban conmigo, solo opto por decirme que no eran para mí, pensé "tal vez tenga razón" pero él siempre me decía que el matrimonio no era para mí que yo era una paloma viajera, que debería vivir la vida plenamente que no tuviera hijos que los hijos solamente daban problemas, que me ataría a un esposo y a un hijo y nunca seria libre, la verdad le di la razón, porque analizándolo crudamente como mujer de mundo, las mujeres siempre seremos esclavas de los maridos como de los hijos y pensé sinceramente en tener un hijo para tener descendencia mía y dedicarme a mis padres debido a la mala suerte con los hombres.

Un día lunes "el maestro" llegó con su hijo Jr. el cual es una copia del "maestro" por lo tanto hubo un flechazo y empecé a salir con él para mostrarle Acapulco, así que empezamos una amistad que termino en un noviazgo frustrado debido a que Jr. es un Jr. porque a sus 32 años tenía pensamientos de 23 años y no tenía madurez por lo tanto el jugo con mis sentimientos y yo la verdad lo acepte por ser del mismo grupo y para tener a alguien que sigue lo mismo que tu o sea la cábala, en esta relación puse mi corazón más que mi razón debido a que deseaba de corazón sentirme amada y ser correspondida, pero ese era mi pensamiento Jr. solo jugo conmigo por cinco meses y después se desapareció así como llegó.

Un día en una reunión que "el maestro" planeo para que estuviéramos parte del grupo de la gente de Cuernavaca que eran personas de empresa para que todos los de la cábala vieran que los cabalistas éramos personas de negocios y empezamos a ver qué negocio pondríamos, como la heptada de Acapulco éramos los anfitriones de esa reunión, ahí volvería a ver a su hijito adorado, así que me vestí muy guapa hasta más no poder sin llegar a ser vulgar o enseñar lo que no sino ser sencilla pero dejando un toque de coquetería, en esa reunión me di cuenta de muchas falsedades, resulta que los tipos de Cuernavaca, traían unas espadas que por órdenes del "maestro" deberíamos de comprarlas para tenerlas en nuestra casa y así hacer nuestras peticiones en el santum, con nuestras velas, así que platicando con estos miembros de la heptada de Cuernavaca decían que cada espada debería tener el nombre de la dueña para que así la oración llegara a Dios más rápido, hasta ahí entendí, pero como no traían el nombre de ninguno de nosotros, ellos dijeron que no importaba tanto era más bien tu fe con la cual hacías la oración (me muerdo un dedo), fue donde entendí que el objetivo era vender las espadas yo la verdad las mire de lejos no tendría una espada en mi departamento toda vez que mis papás siempre me daban la sorpresa con su visita inesperada y no me hubiese gustado tener que darles una explicación a parte no gastaría $1,000.00 pesos por la espada, así que estando a solas con "el maestro" le dije lo que había visto, el solo dijo "son unos tontos estos cuates" ¡así que me descubriste!, así es preciosa hermosa, esto es vendimia todo lo que las mujeres o los hombres puedas venderles está bien porque ellos confían en nosotros y lo que nosotros les vendamos para fines de su oración y petición ellos con gusto los compran,—entendí a la perfección—en esa reunión vi al hijo del "maestro" pero no cruce ninguna palabra con él, más si con un empresario que babeaba por mí, un hombre guapo pero gordo y pensando que sus cosas materiales me atraerían como sus comentarios de que soy guapa, como les digo a mis amigas de broma "esa ya me la sé", dime otra cosa que yo no sepa.

Después de terminar la reunión al estar a solas en mi casa me pregunte porque no me salgo de esto sí es pura burla, pero había un porqué y muy grande, toda vez que mi trabajo era en Acapulco, mi departamento está en Acapulco, todos los días de mi vida los vivía en Acapulco y mi problema era Alberto, el con sus brujerías para que fuera infeliz para que yo nunca me casara, ya que investigue la vida de Alberto y este hombre cuando andaba conmigo tenia a la chica embarazada y aparte a otra, al momento que yo lo dejo, él no se decide por la embarazada sino por la otra mujer, por lo cual se por sus amistades que no es feliz y se ha quedado solo sin amigos, así que por lo tanto al ser Alberto infeliz siempre estaría pendiente de mí y como yo combatiría sus hechicerías más teniendo fe que ahora yo era más fuerte que él y sus hechicerías no me llegarían más, por lo tanto seguiría ahí pero con mucha precaución y astucia.

En las reuniones de los martes nos daban manuscritos donde nos decían que Adán y Eva nunca existieron que eran simbologías, pura mentira, eran engaños e inventos de las religiones y nosotros estudiábamos grados o niveles como los dirigentes de las religiones y podíamos ser como ellos, nos vestíamos con batas largas color blanco y un báculo los cuales dábamos siete bastonazos cuando no los decía "el maestro" estando en el rito., leíamos manuscritos y después dábamos nuestra opinión, estos son unas de mis opiniones de ellos, los cuales escribí en el año 1999.

-Todo iniciado tiene sabiduría escondida y a través de los estudios de la cábala se llega a descubrir infinidades de secretos que debe de practicar para que en su vida le valla con él quiera.

-A través de los sueños se alcanza el conocimiento de los mundos superiores.
-El significado del número siete, heptada, siete días de la semana, siete centros psíquicos, siete glándulas.
-Porque son tan importantes todas las religiones y todas las civilizaciones, aun en las que creen en un solo Dios.
-Tener un diario de los sueños.
-El manuscrito nos invita a que tengamos disciplina y que los ejercicios que nos dice los debemos hacer para poder tener sabiduría y llegar a comprender nuestra sabiduría escondida.
-En el manuscrito del libro del hombre nos dice sobre un mundo empíreo: mundo invisible, no vemos pero lo sentimos, no lo veras pero lo escucharas.
-Simbológicamente terminando el curso, podemos ver la zarza ardiendo.
-Como es arriba es abajo, pero para ser abajo debe de empezar arriba.
-¿Cómo trabajar en el mundo invisible? mediante el ejercicio de la nuca.
-Trabajar en el santum todos los días y decir la oración

La cábala nos ayuda a restaurar a los iniciados el de conocerse completamente ya que es necesario su punto de vista total, no solo en el conocimiento consciente, sino también en el inconsciente., por lo tanto es necesario hacerle caso a los manuscritos ya que la meditación y las oraciones que nos dan, esas nos darán una respuesta a lo que nosotros buscamos por más sencillas que estas parezcan.

Cuando toda la heptada, pasamos al grado adeptus majores, nos instruyeron que seriamos superiores en el uso de lo desconocido o sea del inconsciente, me acuerdo que ahí "el maestro" nos dijo que, si nos sucedía algo no nos asustáramos ya que era una prueba para saber si aguantábamos los siguientes grados, así que esa noche me quede dormida en la sala y sentí un golpe muy fuerte en la rodilla derecha, que me despertó pero me acorde de lo que había dicho este cuate por lo que no tuve miedo y me volví a quedar dormida.

Lucifer: nos enseña por donde se llega a Cristo.

Es espeluznante todo lo que he escrito pero es poco para lo mucho que vi, ya que lo que redacte lo encontré en una libreta la cual encontré en un viaje que hice a México ya que todos los demás manuscritos mis papás los tiraron a la basura.

A pesar de leer todo esto y seguir las instrucciones de la cábala al pie de la letra, mi vida no tenía éxito sino todo lo contrario estaba cayendo en un pozo sin fondo.

La mayoría de las personas que estaban dentro del grupo de la cábala tenían dones de leer las cartas, leer el péndulo, de dar masajes, de ver visiones, de ver espíritus, entonces me dije que yo era la más tonta debido a que yo no veía nada, así que le pregunte al "maestro" y me dijo que no me preocupara ya que las mujeres a veces mentían ¡Ho Dios!

Recuerdo que en una de las reuniones las mujeres hablaban en secreto y se reían otras daban gritos de júbilo, así que una de ellas se me acerco y me pregunto, no te ha dicho "el maestro" ¿Quién fuiste en tu vida pasada? le dije que no, ella me insistía pregúntale, a nosotras ya nos dijo y estaban felices por el descubrimiento, así que le dije al "maestro" que lo invitaba a un café y ahí le pregunte como esta eso que las señoras andan bien emocionadas porque les dijiste quienes fueron ellas en el pasado, el muy sonriente me dijo, ¿te gustaría saber quien fuiste tú? dije si dímelo., con una voz sospechosa me dijo no te diré quién fuiste porque te vas a creer y ya no me hablaras por lo tanto le dije, " mira si vas a decirme que fui una reina con mucho billete, con siervos y siervas y muy importante en esa época, es mejor que no me digas nada, porque yo no soy mujer que vive de emoción, si me dices solo me voy a enfurecer más de lo que estoy ya que ahora soy una simple secretaria pobretona, y eso me tiene fastidiada., a lo que él me dijo a veces tienes que decirle a las mujeres lo que ellas quieren escuchar—comprendí, perfectamente—él se dio cuenta que yo no soy una mujer sentimentalista que vive de emociones.

Me acuerdo que siempre que tenía vacaciones en mi trabajo salía a otro estado para relajarme un poco, así que en el año 2000 no tuve suficiente dinero para irme a otro estado pero no me quedaría en casa sino que invite a mis papás a Acapulco de vacaciones, así que como siempre trabajaba en Acapulco, ahora estaría de vacaciones que es otra cosa muy diferente, por lo tanto hice mi plan de visitas incluyendo a mis papás, playas, bares y un lugar abierto para tomar la copa y bailar, así que mis queridos papás estaban en casa de mi hermana y los espere con ansias., pero al momento que llegaron a Acapulco me dieron la sorpresa que no venían solos sino que traían al bebe de mi hermana y eso no lo tenía contemplado por lo tanto me moleste., en fin estaban en Acapulco y tendría que disfrutar mis vacaciones con ellos así que pasaron los días y se fueron a dejar al bebe a Chilpancingo y yo me quede en Acapulco de regreso a mi trabajo, pero el fin de semana siguiente se le ocurre a mi hermanita visitarme con toda y su familia ¡Dios mío! que bronca porque yo no tenía dinero para recibirla, así que llegaron a mi departamento decidí huir pero mi cuñado no me dejo sino que me dijo que los acompañara debido a que ellos no conocían el puerto como yo, y me decía que se diga algo de ti o sea que los invitara y yo con que ojos los miraba sino tenía nada., ahí le pedí a Dios que me ayudara porque no tenía dinero y le pedía que me encontrara una cartera para poder darle una estadía a mi hermana, no me quería ver mal., así que fue tanta mi desesperación que estando en un sitio de recreación infantil, donde estaba los niños divirtiéndose y platicando con mi cuñado a lo lejos vi a una chica que venía hacia nosotros pero al abrir su mochila para sacar su toalla se le cayó la cartera y dije "es mía", así que ni tarde ni perezosa fui por ella, pero no para dársela sino para quedarme con ella, lo admito solo así pague la bebida de la discoteca y poco de comida, ahora que lo estoy escribiendo siento el estómago revuelto, lo que hice por no darle un rotundo no a mi hermana y a su familia.

En la siguiente semana fui a mi reunión y le comente "al maestro" y me dijo que a quien se lo había pedido, ¡claro está! le dije a Dios, ahora siento vergüenza por lo que hice.

CÁPITULO 7

Trabajando por obligacion, no por amor

Estando en mi oficina mis nuevos jefes se pusieron exigentes con el personal del departamento y toda la gente perezosa empezó a quejarse debido a que no querían trabajar, así que un día mi jefe me pidió que tomara del checador una tarjeta de una señora que trabajaba tres días a la quincena y le pagaban toda la quincena, así que obedecí y eso me trajo consecuencias ya que todo el personal perezoso del departamento se puso en mi contra, pero mi jefe me dijo no tengas miedo, por supuesto que no lo tendría ya que yo simplemente obedecí una orden, pero estos perezosos hicieron el chisme en grande, que querían que me cambiaran de departamento, por lo tanto mi jefe se dio cuenta que me había provocado un problema y debería apoyarme en todo así que el hablo con los demás jefes que era culpa de él y el asumía la responsabilidad por lo tanto que no me cambiaran de departamento, porque si era por cuestión de trabajo, yo era un ejemplo para los perezosos, yo por mi parte decidí cerciorarme con el subdelegado, el cual me dijo ya vinieron conmigo pero les dije que se pusieran a trabajar y dejaran de andar en el chisme, eso basto para calmarlos y yo me reí por dentro ya que nadie podía conmigo en mi trabajo, toda vez que siempre fui eficiente y eso era lo que me respaldaba. (Nunca me importo que ellos se burlaran de mí por trabajar como una loca, o sea dando mi 100% pero yo no lo hacía para que me pusieran una estatua o me honraran con algo ¡NO! Lo hice porque un día cobraría todo lo que yo había dado)

Eran principios del año 1999, cuando mi jefe era un militar retirado, señor de edad avanzada el cual más que militar era un mercader, porque siempre se la pasaba fuera de la oficina vendiendo sus mercancías y yo hacía parte de su trabajo, tanto fue que me puso una secretaria, ya que debido a mi responsabilidad que él me daba yo elaboraba muchas cosas y el solo firmaba documentos como asistir a las reuniones, los jefes sabían que yo trabajaba muy fuerte ya que ellos al no encontrarlo a él en la oficina siempre me preguntaban a mí y yo siempre tenía una solución a sus problemas.

En ese departamento maneje un fondo revolvente por la cantidad de $5,000.00 pesos mexicanos y siempre dejaba el dinero en el cajón de mi escritorio, en el departamento teníamos dos teléfonos uno era la extensión del conmutador y la otra línea directa, en este trabajo hay gente del sindicato y de confianza, los sindicalizados son los que protege el sindicato por lo tanto hay más gente floja que trabajadora y tienen muchos derechos y los de confianza no teníamos los mismos derechos como los sindicalizados pero si nos exigían trabajar mucho y fácilmente nos podían correr si te portabas mal, así que en mi departamento había muchos sindicalizados unos trabajadores otros que le hacían al cuento y otros flojos que no más de verlos te daba coraje porque la mayoría de las veces se la pasaban en el chisme así como en el conformismo de hacer nada o siempre lo mismo sin metas en su vida, había disposiciones muy estrictas del uso del teléfono, toda vez que los compañeros lo utilizábamos para uso personal y no de trabajo por lo tanto nos dijeron que deberíamos guardar el teléfono o ponerle candado, yo lo guardaba en el cajón de mi escritorio o le ponía candado, así que un día llegue a la oficina y vi el cajón abierto, por lo cual pregunte que quien lo abierto, yo por miedo del dinero, que si se perdía yo lo pagaría, debido a que era la responsable y no estaba dispuesta a pagar esa cantidad, así que eran dos trabajadoras sindicalizadas las cuales necesitaban el teléfono y decidieron tomarlo al ver el cajón abierto, ellas dijeron que les urgía hacer una llamada por lo que opte decirles que me hubiesen esperado debido a que yo ahí guardaba el dinero del fondo revolvente del departamento, ellas dijeron, no nosotras no tomamos nada, okay, revise el cajón y ahí estaba el dinero, así que les dije que gracias a Dios ahí estaba el dinero, hasta ahí quedo con ellas.

Pero siempre he pensado que cuando una persona es infeliz siempre tratara de ser infeliz a los demás, debido a que las dos trabajadoras vivían sin esposo, ambas tenían hijos, pero en el trabajo se comportaban amargadas todo mundo tenía cuidado con ellas, pero yo sentí que no había actuado mal, ya que por miedo de pagar algo que no me gaste esa era mi preocupación y por eso reaccione así, aparte del atrevimiento de ellas, que no deberían hacer eso pero como eran sindicalizadas a veces se pasaban de listas que al fin el sindicato las defendía, esta llamarada tan pequeña se hizo un incendio que los bomberos no la pudieron controlar, sucede que esta señora va con el chisme al militar y le dice que yo la había acusado de ladrona ¡Oh Dios! eso no era cierto, así que el militar me quiso regañar y yo le di mi explicación que se quedó tranquilo, pero la señora opto ir a su sindicato con la excusa de haberla llamado ladrona, así que el sindicato hablo con mi jefe y se hizo la fiesta en grande, era tan difícil entender eso, así que como había una tipa en el sindicato que cuando fui secretaria del subdelegado de administración ella intento manipularme pero no me deje, toda vez que uno de mis jefes había sido su amante y sabia su carácter, él me dijo nunca tengas una amistad con ella, así que obedecí y me di cuenta que era una chica que utilizaba a sus amistades y después las tiraba como pañuelo desechable, ella me armo un tremendo escándalo y con el cuento de la señora de mi departamento esta mujer fue hablar con la delegada estatal nuestro máximo jefe, ya que ella sabía que lo que decía la señora no tenía fundamento se le ocurrió decirle a la delegada que al entrar ella a la oficina de mi jefe, me encontró el pleno acto sexual con uno de mis jefes, cuando el subdelegado de administración me comunico eso, me quede anonadada de ver la magnitud de maldad que había en su corazón de esta mujer, el subdelegado me dijo:

-Por favor Thelma no me mienta.

Opte por decirle licenciado no es cierto, siempre he respetado mi trabajo y si un día tengo necesidad voy a los lugares exclusivos para eso, a parte que me gusta tener tranquilidad y paz cuando tengo un encuentro de esos con mi novio, con esta explicación el creyó en mi palabra y como esta mujer se dio cuenta que su mentira no dio resultado opto por hacer un escrito donde decía que era una prepotente, grosera, así que todos los que eran gente sindicalizada deberían de firmar, ahí, me di cuenta en verdad quien estaba conmigo, fueron días largos para mí como para mis amigas, la verdad mis mejores amigas estaban conmigo y nos poníamos a rezar a Dios para que no me corrieran, estaba cansada, ya que sentía el ambiente pesado, era el mes de febrero y fue el cumpleaños de la señora y todos los que la apoyaban flojos como ella fueron a estar presente en su cumpleaños cantándole las mañanitas y gritaban ¡estamos contigo! no te vamos abandonar! se nos hará justicia! y ahí había gente de la comunidad cristiana.

llego el mes de marzo que es el mes de mi cumpleaños y todas mis amistades hicieron lo mismo, llegaron con ramos de rosas y regalos y me dieron su apoyo, era un estira y afloja que la verdad me tenía al borde de tirar el trabajo, pero mi coraje me mantenía ya que no había hecho nada malo y yo dejaría mi trabajo hasta que me diera la gana, mi jefe en su debilidad hablando con la secretaria general del sindicato, esta, le dijo mándala de vacaciones para que se calme este asunto, así que le obedeció y cuando me informo me pareció perfecto ya que descansaría de tanta habladuría vana que estaba en la oficina, pero al consultar al subdelegado de administración y al jefe de la unidad jurídica me dijeron que mi jefe estaba loco que no aceptara las vacaciones ya que ellas después manejarían un cese de trabajo y no me convenía, así que le dije a mi jefe que no me iría de vacaciones y este señor se molestó por lo tanto me grito "que no ves que las cosas están mal", le dije lo siento esa es la manera de pensar del subdelegado y del jefe de la unidad jurídica, así que les hare caso, me grito y me insulto, por lo tanto me enfurecí que cerré mis manos y di unos fuertes golpes en el escritorio y le dije que si estaba conmigo o con los sindicalizados, que si era con los sindicalizados las consecuencias para el serian malas toda vez que iría con el chisme que ya no era chisme ya que todo mundo, desde la delegada hasta los trabajadores sabían que yo trabajaba demasiado en ese departamento porque este cuate nunca le gusto trabajar, así que le dije eso y miles de groserías que se espantó y me entendió porque se dio cuenta que yo era capaz de todo, al verme enojada tuvo miedo así que por la fuerza estaba conmigo.

Como sabía que un escrito mancharía mi expediente, me puse a analizar quien me ayudaría anularlo, debería buscar mis amistades como siempre cuando estaba en algún problema me ayudaban a resolverlo, así que un día la secretaria general del sindicato fue a mi escritorio y me dijo que quería hablar conmigo después de una reunión que ella tenía, le dije sin miedo que sí que cuando ella me dijera, así que en ese momento le pedí a mi amiga Ana, que por favor me consiguiera el numero celular de la secretaria general del sindicato, porque le hablaría a uno de mis ex-jefes para contarle mi problema, él era miembro del congreso del estado y esta secretaria general pertenecía a ese congreso, así que le hable a mi ex-jefe y le dije de mi problema y el sabia mi comportamiento y el de las señoras porque ya había estado en esta área, por lo tanto me dijo no te preocupes que esta cuata me debe varios favores, así que me pidió el numero celular de esta cuata y se lo di inmediatamente, y esta cuata ya venía sobre mí, cuando le dije a mi ex-jefe que ese era el momento para que hablara con ella, así que sonó su celular y al contestar ella me miraba fijamente y después que termino la conversación, me dijo no te preocupes todo está arreglado, le dije gracias señora, me reí por adentro, había ganado la batalla y nada me harían, ya que el sindicato estaba a mi disposición y los jefes de confianza estaban conmigo toda vez que mi reputación de mujer trabajadora me recomendaba ampliamente.

"El maestro" siempre platicaba conmigo para saber si yo era fuerte y valiente y yo en mi presunción siempre iba adelante, siempre decía que era fuerte y valiente, porque lo soy pero en soportar los pasos que doy como el mal que la gente me hacía, pero no de lo que "el maestro" quería, él siempre me hacía mención sobre el dinero, el bendito dinero era para todos los lados y eso me interesaba saber que hacer ya que si tenía dinero pero no como lo que yo quería tener, así que estando ya cansada de mi trabajo yo necesitaba hacer cambios en mi vida porque me estaba hundiendo poco a poco, por lo tanto le platique "al maestro" que me ayudara para hacer oración toda vez que uno de mis ex-jefes de trabajo estaba como director del departamento donde se daban las plazas para los maestros, así que fui a pedirle ayuda a mi ex-jefe y me dijo que si pero que por favor me consiguiera papeles falsos de una licenciatura porque me quería dar una buena plaza, que no me preocupara cuanto me salían los papeles porque él me ayudaría con la mitad, así que busque inmediatamente que persona se dedicaba hacer este tipo de papeles, fui con una amiga la cual me llevo con un tipo que me quería cobrar $24,000.00 pesos y yo no tenía ni cuatro mil pesos, así que por ruegos de mi amiga los documentos no los dejo en seis mil pesos, el cual yo pedí prestado con intereses cuando estuvieron listos los documentos se los presente a mi ex-jefe el cual ni tarde ni perezoso me dio los tres mil pesos que me prometió y me dijo que los papeles eran originales, eran buenos para el objetivo que teníamos, el de darme una buena plaza en una escuela de Acapulco, yo estaba feliz porque por fin tendría un trabajo de medio tiempo y tendría tiempo para prepararme en muchas cosas más, se lo conté "al maestro" el cual me dijo que era un atrevimiento grande toda vez que poca gente se atreve a falsificar documentos para lograr objetivos, que estaba bien y me felicito.

Después de los problemas que tuve en mi trabajo, a mis nuevos jefes les pedí mi cambio de área, los cuales no aceptaron mi petición, toda vez que era un punto clave para el departamento y mi nuevo jefe era una persona que me necesitaba Oh ¡Dios mío! cansada por el trabajo rutinario de todos los días, era el año 2000 y a mis treinta y tres años deseaba tener grandes cambios en mi vida yo iba al trabajo porque debería ganar para vivir y lo hacía por subsistencia; pero además como una obligación, pero no con amor como al principio.

En las oficinas centrales de la ciudad de México como en las Delegaciones Estatales del centro de trabajo el cual yo laboraba, estaban liquidando al personal que se quería ir, dándoles el dinero correspondiente así que como era secreto, decidí investigar a fondo con mi amiga Alma, la cual me dijo como debía hacerlo pero que tenía que actuar rápido porque tenía el tiempo encima así que implorándole a mi Dios, así como actuando con mis amigos para tener la autorización toda vez que no sería fácil que me dieran la autorización debido a que era una persona clave en el departamento, por lo tanto decidí ponerme las pilas y actuar con astucia para lograr mi objetivo, le hable a mi gran amigo Ricardo el cual me ayudó para que me tomaran en cuenta en la ciudad de México y ahora necesitaba a uno que estuviera en mi centro de trabajo, así que en la Unidad Jurídica estaba como jefe de esa unidad mi ex-jefe del centro de convenciones donde yo trabaje cuando tenía 20 años, así que fui en busca de su ayuda, el cual siempre atento me ayudo en mi objetivo y me pidió que hiciera una tarjeta al Delegado Estatal con mi petición el cual él se la llevaría, la hice de inmediato, al momento mi ex-jefe le entrega la tarjeta al Delegado, estando presente el Subdelegado de Administración que era mi Jefe el cual no me dio mi cambio, se armó un escándalo toda vez que el subdelegado no estaba de acuerdo pero mi ex-jefe sabia mi intención y el mismo me invitaba a que me saliera de ese trabajo, así que como mi jefe no aceptaba me hablaron para que tomara una decisión si deseaba mi plaza de base o sea de sindicato la cual no acepte., ahora que estaba amenazando con irme con dinero y aparte mi plaza debería de desaparecer del organigrama del departamento, pero a mí que me importaba yo tenía una meta y para lograrla tenía que sacrificar esta, así que le dije que muchas gracias pero no aceptaba la plaza de base que yo quería el dinero., así que mi ex-jefe me dijo no hay ningún problema el Subdelegado de Administración hará todos los tramites, sí que me reí porque conocía al Subdelegado que no haría nada ya que era un niño caprichudo que le gustaba manejar a la gente, por lo tanto necesitaba actuar con astucia para lograr mi objetivo tendría que pedir ayuda "al maestro", para poder quitar de mi camino a mis dos jefes el Subdelegado como el Jefe del Departamento, el cual era mi nuevo jefe y se estaba comportando mal conmigo, debido a que este tipo le gustaba emborracharse (como he dicho Acapulco es atractivo y te envuelve fácilmente y si no tienes los pies en la tierra te come y con todo y todo), y mi jefe andaba en esos placeres así que llegaba todo desvelado a la oficina y todos los documentos los tenia amontonados por eso teníamos pleitos ya que cuando le pasaba la documentación siempre le ponía la fecha que lo recibía y ese mismo día se los entregaba y a este licenciadito parece que le gustaba hacer colección, toda vez que siempre se la pasaba en grandes platicas, hasta que llegó un momento queriéndome echar la culpa a mi o al jefe de oficina por no dar respuesta a algún oficio a tiempo, pero la culpa era de él, así que hable con el de terminantemente que tenía que encerrarlo y no pasarle llamadas solo las urgentes y solo así trabajaba., paso el tiempo el con su carácter y yo con el mío que no es tan sencillo, llego el día que nos gritamos yo por no soportar su vulgaridad y el por no soportar mi carácter de manipularlo siempre, así que le conté "al maestro" mis problemas y me dijo que tenía que cambiar de táctica toda vez que como mujer de carácter fuerte, dominante, arrogante, prepotente y explosiva toda respuesta era fuerte que tenía que actuar como una mujer débil, llorona para así conquistarlo, que ¡horror! hacerla de chillona no era mi fuerte, pero debería de actuar, estaba cada día más desesperada por tirar mi trabajo, pero mis planes de irme con dinero debería esperar más tiempo, así que un día me enferme, de gripa, fiebre y tos, por lo tanto avise que estaba enferma y que iría al doctor, pero no fui al hospital por incapacidad, toda vez que decidí ir con mi doctor particular, así que un compañero le mintió a mi jefe que me vio en el hospital para cubrirme por qué no había ido a trabajar, pero mi jefe me hablo a mi casa y me dijo que no estaba enferma que era una mentirosa que Arturo le había dicho que me había visto en el hospital y yo le decía que había ido al doctor particular a decir verdad yo no estaba mintiendo, estaba diciendo la verdad lamentablemente el Sr. Arturo me paso a dar una molestia, así que al hablarme mi jefe por teléfono a mi casa me grito y yo no me deje, por lo tanto también le grite y le colgué el teléfono fui muy grosera, así que el segundo día fui a mi trabajo pero al estar en mi oficina decidí tener una cita con el Subdelegado de Administración y le dije que tenía problemas con mi jefe y que quería mi cambio de oficina porque no había una buena comunicación y eso afectaba al trabajo como mi vida personal, ¡claro esta! fui bien preparada para llorar a moco tendido haciendo mi teatro perfectamente, así que mandaron a traer a mi jefe y después el licenciado hablo conmigo y también llore a moco tendido con el que mis lágrimas le quebrantaron el corazón me abrazo y me pidió disculpas que no soportaba verme llorar, al menos mi objetivo de llorar a moco tendido dieron resultado y de nuevo estaba en paz.

Pero mi objetivo principal era que me dieran el cese de mi plaza junto con mi dinero, para así poder salirme de ese trabajo que ya me tenía muy cansada.

Recuerdo que llego un fax a mi trabajo donde me exigían la autorización del Delegado donde aceptaba mi renuncia voluntaria, ¡Ho Dios! Otro problema, debido a que el oficio lo elabore y fui directamente con el Delegado Estatal pero no lo firmo toda vez que debería estar el visto bueno de mi querido Subdelegado el cual estaba renuente con mi idea, pero en fin debería ir por la firma, así que me arme de valor, fui al baño y rece el salmo como la oración para evitarme problemas y dominar la situación, después fui a la oficina de este cuate el cual me esperaba, como el tipo se comportaba prepotente por el puesto que tenía, sabía que debería actuar con inteligencia, astucia y debilidad así que entre a su oficina y lo salude que ni caso me hizo, más si me hecho un discurso el cual decía que me diera cuenta que yo era una persona clave para el departamento y que era muy importante o sea un discurso político lleno de mentiras a conveniencia suya, mas no la mía, lo escuche atentamente y le conteste que todos en la vida tenemos metas y yo tenía metas e iba por ellas, así que hasta que le dio su regalada gana firmo el documento y me dijo sin mirarme la cara, "que sea feliz" simplemente opte por decirle, gracias licenciado, por dentro me reí ya que mi objetivo era ese y lo tenía en mis manos lo demás era sin importancia para mí.

Mande el oficio por fax donde se me autorizaba mi renuncia voluntaria con dinero por nueve años de trabajo, ahora solo debería esperar la respuesta desde la ciudad de México el cual tenía a mi amiga Alma viendo mis documentos y a mi amigo Ricardo el cual con sus amistades le darían prioridad a mis documentos, estaba feliz de lograr mi objetivo de irme del centro de trabajo donde tantas veces me quisieron correr y nunca pudieron gracias a Dios y ahora me iba por mi sola y no con una patada en el trasero como muchas personas quisieron., más si para ellos, ya que yo me iba como siempre quise con la cara en alto y mi cartera con dinero por todo el trabajo que hice y bien hecho.

Por fin llego el día que debería ir por mi cheque a la ciudad de México; fui al Distrito Federal con otras dos personas de la delegación las cuales eran sindicalizadas y nos dieron nuestros cheques, regrese a mi trabajo feliz para empaquetar mis cosas y despedirme de mis amistades, todo mundo sorprendido por mi salida y yo súper feliz ya que estaba segura de mi nuevo trabajo.

CAPÍTULO 8

Vida sentimental frustrada

Cuando salía con mis amigas a la discoteca ya sea para festejar cumpleaños o alguno que otro triunfo, llegábamos a la discoteca a las 22:00 horas de la noche y salíamos a las 6:00 de la mañana, enfrente de la discoteca esta un restaurante donde comíamos algunas órdenes de tacos y después cada quien a su casa, esa era mi pasión el baile y unas cuantas copas que a veces llegaban a marearme sin emborracharme para no hacer el ridículo, para después sentir la cruda realidad y un vacío en mí, ya que no tenía novio que me dijera que me amaba, me acuerdo que después de la salida de la discoteca observe mi vida, que desde que deje a mi novio a principios del año 1995 con el cual dure dos años, para posteriormente hacerme novia de Alberto; después que Alberto hizo sus conjuros malignos acepte a Luis Ángel con el cual dure cuatro meses y se terminó, como llego cupido.

Acostada en mi cama pensé, ¿Qué pasa conmigo? toda vez que ninguna mujer es fea y yo no me considero mal parecida, mi apariencia exterior me llevaba a que me bañara, perfumara y me daba un "zarpazo de tigre" y pronto lista para el "ataque" pero me entristecía porque estaba necesitada de un novio y estos se esfumaban como el humo, Víctor era un compañero de trabajo, moreno, alto y buen chico, el cual nos hicimos novios pero él me termino un catorce de febrero, porque fue sincero conmigo, me dijo hermosa eres una chica que vale mucho, pero yo no quiero una relación seria por el momento, yo quiero jugar un rato y la verdad no puedo jugar contigo en utilizarte sexualmente y después arrojarte como un trapo viejo, me quede atónita a sus palabras, quise gritarle ¡utilízame por un rato!, pero no me abandones necesito tener a alguien a mi lado no me importa cuánto tiempo quieras jugar conmigo" pero no me salió ninguna palabra de mi boca, gracias a Dios que no había llegado a ese extremo, así que le dije que no se preocupara que quedábamos como amigos., me fui a mi casa meditabunda y me preguntaba él porque me ocurría todo esto, así que opte por ser positiva y decir el que sigue.

¡Claro esta! pretendientes no me faltaban pero de todos no hacías un hombre digno de tomar las cosas en serio.

Carlos es mi tipo de hombre con el cual loca me volví cuando lo conocí con un cuerpo atlético, feo de la cara, alto, moreno pero divorciado con un hijo y veinte mil mujeres a su alrededor, la verdad no era la persona apta a mis necesidades matrimoniales.

Víctor divorciado con dos hijas pequeñas, un doctor con problemas económicos, inseguro de sí mismo, no llenaba tampoco los requisitos.

Darío un joven loco, casado con dos hijas y una excelente esposa, él quería una aventura y yo buscando seriedad, así que opte por decirle.

-Cuida a tu familia y déjame en paz.

Francisco divorciado con dos hijos de dos y cuatro años de edad un joven inseguro y muy sentimentalista tampoco era mi tipo, él quería jugar y yo necesitaba alguien serio.

Beto soltero, loco fumador y borracho que pretendía ser millonario para casarse y yo solo necesitaba que fueran sinceros conmigo, el dinero es importante pero no hay nada más importante que te quieran como eres y el dinero lo haces poco a poco.

José, divorciado con dos hijos pequeños de dos y cuatro años de edad., este fue mi primer novio por lo cual yo amaba los recuerdos de mi niñez y cometí el error de aceptarlo toda vez que el José que conocí no estaba, el que encontré era un debilucho y fue decepcionante, yo le pedí a Dios que por favor lo alejara de mi vida ya que no quería lastimarlo más de lo que lo veía, así que José se desapareció ¡que bueno!.

Franco un chico divorciado con dos hijos de dos como de cuatro años, ¡Oh Dios! me perseguían los divorciados y con hijos menores, que le pasaba al mundo, todo mundo infeliz, que nos sucedía ¡horror! no tenía a nadie que valiera la pena, nos es que ellos no valieran la pena, pero eso fue mi pleito que yo no quería andar con un hombre divorciado con hijos, porque los hijos serian primero que yo, en cambio para mi ellos serían primero en todo, esa era la gran diferencia, no es que fuera egoísta, pero ¿porque involucrarte en un problema cuando lo ves desde lejos?

Es mejor estar sola que mal acompañada ese era mi lema.

Mi vida sentimental era un desastre ningún hombre se quedaba conmigo ni por tres meses, menos la ansiosa espera de llevarme al altar vestida de blanco.

Era el año de 1999 cuando conocí a Jr. el cuál era el hijo de "el maestro" y era muy parecido a el físicamente, así que fue un flechazo a primera vista, ya que nos hicimos novios y fue un romance que duro no sé si por la distancia más de cinco meses, pero en mi desesperación por amar a alguien, llegue al punto de sentirme enamorada, si es la palabra correcta, ya que viví ese romance que termino donde este niño simplemente me dejo de hablar, recuerdo que en esa ocasión mis nervios me traicionaron y llore amargamente que no me podía controlar y como en mi trabajo estaba mi mejor amiga fue a comentarle que me sentía mal, así que le conté el porqué de mi tribulación de mi sollozar, pero el personal de la oficina se preguntaba el porqué estaba llorando., para desviar la verdad les dijimos que se había muerto mi abuelo y fue cierto ya que mi abuelo se murió en esos días.

Como nunca he sido una rogona, así lo deje ¡Oh Dios! que humillada me sentía, pero nunca lo demostraría más que a mis amigas.

Era fines de 1999 y "el maestro" me encargo de organizar una fiesta para todas las heptadas, así que ahí vi a Jr. el cual me hablo para proponerme un negocio, por lo tanto acepte el negocio de vender a las gorditas unas gotas para bajar de peso sin tomar dieta, las cuales muchas tomaron y algunas les hizo efecto a otras de plano nada, Dan un americano en ese tiempo mi novio en turno se volvió a los estados unidos despidiéndose amablemente y jurándome hablar por teléfono sinceramente no amaba a Dan pero era agradable a mis ojos, así que al irse Dan en el mes de diciembre 1999., me lleve a mis papás a pasar la navidad a Taxco de Alarcón, el pueblo de la plata, estuvimos cuatro días y después regresamos a la casa de mi hermana a pasar el año nuevo con ella y su familia, nos regresamos a Acapulco y yo estaba en espera que en el mes de enero o febrero se me diera la plaza de maestra para trabajar en una escuela, así que regresamos de vacaciones de las reuniones de las heptada y reanudamos las reuniones de los martes, en ese tiempo "el maestro" se empezó a emborrachar todos los días al grado de verse un alcohólico, así que todo mundo ya no tenía confianza en "el maestro" debido a su borrachera y se empezaron a salir del grupo poco a poco, a decir verdad me quede anonadada de la borrachera de "el maestro" en ese tiempo Jr. decidió quedarse en Acapulco y vivir con su papá, la verdad no sé cómo estuvo y como me envolvió solo puedo decir que tal vez el utilizo lo mismo que yo utilizaba para envolver a mis jefes y los pudiera manejar a mi antojo, toda vez que en pleno enero del 2001 Dan regreso de Estados Unidos y me hablo y en ese mismo mes regreso Jr. también, por lo tanto Dan se desapareció me dejo de hablar ¡horror! no me desmoralice por que le tenía un sentimiento pero me fastidio su desaparición y Jr. me hablaba a la casa para que le enseñara a Acapulco toda vez que este joven no lo conocía, siempre fui una mujer que si un hombre se desaparecía sin decir adiós, yo no lo buscaba para pedirle una explicación la huida era una explicación completa para mí, pero ahora no me acuerdo exactamente que me paso pero Jr. el cual me abandono sin ninguna explicación me estaba encerrando en un círculo de necesidad donde yo carente de amor caí redondita por una migaja de amor, atenciones, una sonrisa, yo no amaba a Jr., no lo quería, pero si buscaba una explicación por qué los hombres huían de mi repentinamente y me dije que el siendo del mismo grupo de cábala, tal vez ahora que estábamos en Acapulco los dos la relación funcionaria ya que la distancia nos había separado y le estaba dando una oportunidad a Jr. y una oportunidad a mis ganas de tener a alguien en mi vida pero ahora que lo escribo nunca en mi vida hubiese aceptado a una persona que te abandona sin ninguna explicación porque eso significa cobardía y yo no andaría con un cobarde, pero en ese tiempo tenía un corazón vacío y lo necesitaba llenar a como diera lugar.

CAPÍTULO 9

Mi derrota economica, fisica y espiritual

Era el año 2001 en el cual estaba esperando que mi ex-jefe me llamara para darme la noticia de que ya tenía mi plaza de maestra para trabajar en Acapulco, (para asegurarme hice un conjuro que me instruyo "el maestro" para que mi objetivo fuera más rápido por lo tanto me encerré en el baño de mi casa y en la ventana puse una tela negra por lo tanto todo quedo obscuro, así como tome la Biblia y mi libro de conjuros como mis tres velas y un espejo de cuerpo entero lo cual lo puse recostado en la pared así como puse las tres velas en forma de triángulo en medio la biblia y el libro de conjuros y los cerillos me quede cerca del apagador del foco por lo tanto apague la luz y prendí las velas y empecé a decir el salmo para dominar a las personas como después el libro de los conjuros y el nombre de la persona como el de su mamá y empecé a decir que era lo que yo quería que el hiciera, cuando termine la oración, el espejo empezó a caminar ¡sí! a caminar de una esquina y después de la otra por lo tanto me quede sin habla y como estaba cerca del apagador prendí la luz y san se acabó el conjuro lo deje a medias porque en realidad me dio miedo ver algo desconocido) pero definitivamente el licenciado que me dio dinero para sacar mis papeles falsos de licenciada en administración de empresas, no me dio la plaza, me sentí mal, quise gritar porque yo confiaba en él y estaba segura que así sería pero nunca supe que error cometí para que no se me diera la plaza ya que tenía todo, el me pidió que en la escuela me dieran una solicitud de una plaza y gracias a Dios tenía un amigo en esa escuela que me ayudo con ese escrito por lo tanto era fácil darme la plaza, pero en ese tiempo no entendí por qué se me cerró la puerta.

Perfecto tenía dinero de mi retiro así que no me quedaría atada de manos y decidí comprar un Volkswagen para convertirlo en taxi y rentar las placas y lo puse a trabajar; sinceramente eran puros problemas con esos chóferes taxistas hombres sin ninguna responsabilidad, flojos, borrachos, mujeriegos, falsos nunca hicieron una buena labor, así que decidí cancelar placas y carro como taxi debido a que el negocio no funciono.

Era el mes de abril y "el maestro" seguía de borracho las reuniones las daba su hijo "Jr.", así que para mí era una pachanga toda vez que nunca le puse atención, en ese tiempo "el maestro" quiso poner un tablado flamenco toda vez que tiene una sobrina que decía "el maestro" que reencarno una bailarina en ella y bailaba flamenco muy bien (nunca la vi) "el maestro" vivía en Acapulco con otra mujer y Jr. era hijo de su esposa, así que un día todo borracho estuvimos los cuatro tomando el café y ahí "el maestro" se le ocurrió presentarme con un primo como la esposa de Jr. ¡Oh Dios! en que bronca nos metió ya que sin querer empezamos a reírnos y hacer planes toda vez que Jr. dijo okay, tengo treinta y dos años y yo tenía treinta y cuatro por lo tanto estábamos perfectamente para casarnos, en realidad nunca puse mi mente en esta relación sino mi corazón para vivir el amor o la pasión de sentir que una persona se quería casar conmigo y mis amigas felices ya que haríamos una ceremonia para celebrar nuestra unión toda vez que no nos casaríamos sino que viviríamos en unión libre, así lo habíamos decidido los dos y estábamos de acuerdo, Jr. me dijo que nunca tocara su ropa que el la lavaría, yo feliz ya que eso me fastidia hacer, viviríamos en habitaciones separadas era una locura pero yo acepte todo, no amaba a Jr. pero deseaba tener una relación duradera ya que desde el año 1995, ninguna relación era duradera con los novios que tenía; en mi desesperación acepte todas las condiciones y aparte deseaba comprobar mi siguiente paso de mujer casada, un día le hable por teléfono a mi novio y me contesto su papá el cual estando borracho me dijo "¿Thelma asi que te quieres casar?, ¿si quieres yo me caso contigo? y se carcajeo larga y diabólicamente hasta más no poder, me hirió en ese momento, no podía creer que la persona que yo confiaba se burlaba de mi situación y entre su borrachera me haya insultado sobre el casamiento, opte por quedarme callada y seguirle la corriente, pero analice perfectamente bien como este hombre me decía a mí que no me casara, que el matrimonio no era para mí y me hablaba terror del matrimonio, cuando él tenía a su esposa la cual veía esporádicamente ya que tenía como amante a una de la heptada y él quería que yo estuviera siempre sola, por lo tanto le daría una sopa de su propio chocolate y me uniría a su hijo no importándome las consecuencias y mis planes de unirme a Jr. siguieron como mi romance, no recuerdo claramente si fueron cuatro o cinco meses que "el maestro" estuvo como un alcohólico y de buenas a primeras dejo la bebida instantáneamente como arte de magia, me sorprendí pero me dio gusto por el ya que le tenía afecto.

En ese tiempo busque varios trabajos y lo que encontraba era sobre negocios de cadenas o sea omnilife y jugo noni, donde tienes que meter gente para crecer el cual me anime ya que deseaba tener mi propio negocio y no seguir siendo esclava de un trabajo de gobierno y ganar tan poco y dar mucho tiempo de tu vida así que probé pero no tuve suerte, en ese tiempo uno de mis ex-jefes se fue como administrador de tiendas y farmacias del estado de guerrero y le pedí trabajo el cual me dijo que sí que él me avisaría o que estuviera pendiente de ello para salirme de Acapulco, ya que con Jr. habíamos quedado que viviríamos en Cuernavaca y no en Acapulco, Jr. se fue primero a Cuernavaca para preparar todo para vivir juntos y yo me quede para rentar mi departamento como vender mi carro para poder sobrevivir los siguientes meses y dejar todo en regla en Acapulco, así que con la emoción que todo estaba bien, las pláticas con "el maestro" se volvieron a renovar ya que ahora sería mi suegro y eso me fascinaba porque tenía buena relación con él.

Mis amigas de la heptada esas que leen el péndulo, cartas y demás me vieron mal y me llevaron con una señora que limpia el aura, ese día lleve una fotografía de Alberto como de Jr. y me dijo que Alberto en otra vida me había matado ya que yo también en mi otra vida fui hombre y por lo tanto ahora en esta vida Dios me había hecho mujer para que cuando nos encontráramos nos reconciliáramos pero había salido todo lo contrario toda vez que no funciono y por lo tanto Alberto al saber que no aceptaría nunca volver con él con sus condiciones prefería mejor verme muerta y por lo tanto debería alejarme de Acapulco como diera lugar, recuerdo que les dije a estas señoras que no le dijeran al " maestro", así que después de ahí iríamos a la reunión de la heptada, sí que estaba enojada y mi escapada de irme de Acapulco ya estaba y me iría a vivir con Jr., ya que tenía trabajo y todavía tenía dinero así que la vida no estaba muy complicada todavía.

Jr. me hablaba esporádicamente, un día me hablo que estaría en Acapulco para ir a la casa donde teníamos el santuario y hacíamos las oraciones a Dios, porque ahí vivía su papá y él había olvidado unas camisas por lo tanto Jr. estaría un fin de semana en Acapulco, me alegre por su llegada pero me contó una historia donde no tenía comunicación con su papá y las cosas no estaban bien con la familia, pero nuestros planes seguían al pie de la letra.

Todos los novios desean estar un buen tiempo o que no se les acabe el tiempo el de estar juntos pero a mi estimado Jr. le importo poco, llego un viernes en la noche y se fue un domingo por la madrugada la verdad yo deseaba que se quedara más tiempo conmigo porque me sentía sola pero él tenía planes y no accedió a mi petición se fue y me sentía frustrada ya que lo note diferente, que no me despedí de el ya que lloraba amargamente porque tomo la decisión de irse como no dándome importancia., llore todo el domingo y el lunes dos días no salí del departamento estaba triste y sin ganas de soportar risas o echar a perder un rato agradable a mis amigas, sentí que algo se había quebrado en nuestra relación con Jr. así que seguí mi vida rutinaria y por fin mi ex-jefe me dijo que le habían dado el puesto y que me fuera a trabajar con él, estaba feliz y decidí hacer maletas para irme a trabajar y estar con Jr. Otra vez juntos, pero ¡Oh! Sorpresa Jr. no se comunicaba conmigo así que decidí ser valiente y me comunique con él, solo para que me dijera que lo disculpara pero que había decidido no vivir conmigo debido a que no creía conveniente en ese momento de su vida, opte por decirle lo que había hablado con su papá (por coraje) le dije no te preocupes me imaginaba que eso pasaría ya que tu papá me dijo que nunca tomarías una decisión de este tipo debido a que todavía estas en pañales y le colgué., como mi familia y amistades sabían que yo me casaría con Jr., por lo tanto cuando me despedí de mi madre le dije la verdad que la relación que tenía con Jr., se había acabado pero como todo mundo sabía que me casaría mi madre me dijo ahora tu y yo diremos que se casaran ustedes solos en Cuernavaca sin invitados y en diciembre te divorcias, así quede con mi mamá por lo tanto era una mentira tras otra pero eran ordenes de Alejandra y debería obedecerlas ya que por abrir la boca de que me casaría mi madre no quería sufrir las habladurías de la gente cuando le preguntaran por mí.

Pero eso no me afecto ya que hice maletas y me fui a Cuernavaca a mi nuevo trabajo, donde me esperaban mis amigos de la heptada de Cuernavaca los cuales me hospedarían en su casa mientras encontraba un lugar donde vivir, estaba feliz, ya que estaba fuera de Acapulco donde Alberto sabia mi vida, por lo tanto le debería echar ganas a mi nuevo trabajo y continuar mi vida, "el maestro" me había encargado mi nuevo trabajo de reunir a las personas para tener una heptada muy fuerte y hacer grandes negocios, ¡que padre era lo que quería!, pero nunca obtuve el trabajo toda vez que a mi jefe no lo aceptaron después que trabajamos juntos como un mes a él lo despidieron y a mi definitivamente no me dieron la plaza, estando en Cuernavaca no perdí comunicación con "el maestro' y salimos varias veces a comer como a tomar café, no tenía trabajo, no tenía novio, no tenía lugar para hacer oración a Dios, no estaba con mis padres, estaba triste pero con ganas de enfrentar las cosas que la vida me deparaba, al ver que nada tenía que hacer en Cuernavaca decidí irme más lejos de Acapulco y le hable a mi gran amiga Ury la cual siempre tiene las puertas abiertas para mí y me dijo que me esperaba en Tijuana, Baja California., así que volé a Tijuana y viví tres meses el cual trabaje como telemarketing vendiendo ingles sin barreras no gane mucho pero más o menos me defendí, pero seguía con mi corazón vacío, deprimida, tenía insomnio, no tenía novio, era infeliz viendo a mi amiga con su esposo, sus dos hijos y yo a mis 34 años no tenía una familia., así que hable con mis amigos de Cuernavaca y me prometieron conseguirme un buen empleo y regrese a Cuernavaca pero fue puro cuento ya que mis amistades en Cuernavaca tenían muchos problemas porque es un matrimonio que había perdido a una hija de 23 años en un accidente de motocicleta y la otra hija tenia una bebe de un año y medio y estaba embarazada de otro bebe y no era una nena centrada en su obligación de mamá, así que lamente el regreso a Cuernavaca pero estaba ahí y debería enfrentar la situación, así que empecé a buscar trabajo, pero al darme cuenta que todo se me dificultaba empecé a buscar "al maestro", para decirle donde se estaban reuniendo para hacerle oración a mi Dios y pedirle ayuda, por lo tanto "el maestro" me puso al tanto de las reuniones y me dijo que definitivamente en Acapulco tal vez ya no iría debido a que la gente era cobarde y que ni siquiera les había hablado de los sacrificios y que en la Ciudad de México ya estaban haciendo sacrificios por lo tanto me invitaba a reunirme los viernes y de tarea me dijo que leyera en la

Biblia el libro de levítico, donde leí sobre los sacrificios de animales; en esa semana encontré un trabajo que estaba muy prometedor por lo tanto lo acepte debido a que se trataba de ventas y eran muy buenas toda vez que para hablar nadie me ganaba solo era de practicar y sería una experta en ventas, así que tomaría el curso y mientras tomaba el curso practicaría las ventas en este trabajo viajaba una hora diaria donde debíamos de vender locales comerciales que estaban en México, D.F., nos daban el desayuno y nos pagaban mil pesos a la quincena, era mi primer semana y me deprimía debido a que estaba pasando momentos muy tristes y desesperantes y mi cuenta bancaria estaba cada día con menos dinero por lo tanto con toda depresión debería ponerme las pilas y continuar trabajando aunque no me gustara así que decidí hacerlo y bien.

En octubre mi abuela se enfermó gravemente y me avisaron por lo tanto me quede el fin de semana con Nelly y mentí sobre la relación con mi esposo debido a que por órdenes de mi madre yo me divorciaría en el mes de diciembre, era una mentira tras otra pero en fin, así que mi abuela en ese mes se murió y decidí ir al pueblo a ver a mis familiares y al ver a mis tías llore tanto que no sabía si era por mi abuela o por mí ya que no quería que mi familia se diera cuenta de la crisis que estaba atravesando, pero se notaba por más que tratara no podía mentir, ya que no tenía trabajo, no tenía dinero, estaba perdiendo todo poco a poco, volví a regresar a mi trabajo en Cuernavaca y también volví a asistir a la heptada en la Ciudad de México, por lo tanto los sacrificios estaban al día, se acercaba el fin de año del 2001 y empezó a decir "el maestro" que dependiendo de nuestro pedido seria el animal que sacrificarías , la verdad en ese momento me imaginaba para mí algo grande como una vaca la cual resolvería mis problemas económicos, saludables y espirituales, así que decidí que fuera un conejo, un miembro dijo de broma sería bueno traer a mi vecino ya que me tiene fastidiado, "el maestro" dijo dependiendo que es lo que tú quieras es el sacrificio que tú debes tener, nos despedimos y quedamos de vernos el otro viernes, asistí como de costumbre y siempre que empezábamos degollaba una paloma por cada miembro y nos ponía una cruz de sangre en la frente y después invocábamos a Dios contándole nuestros problemas y las soluciones que queríamos, como para mi es mi Señor Jesucristo lo invoque y le pedí ayuda para que encontraba un buen trabajo, el cual nunca me respondió y ahora sé porque , después del ritual cenábamos o tomábamos café y entre platica y platica "el maestro" dijo que satanás es el que reina en la tierra y a el serviríamos (lo entendí perfectamente bien, pero no grite como toda mujer débil o hombre debilucho debería actuar con inteligencia y así lo hice gracias a Dios), opte por seguir escuchando y dijo "el maestro" que los testigos de Jehová pertenecen a satanás, ahí sí que hice una expresión muy grande por dentro debido a que en la familia de mi mamá dos de sus hermanos son testigos de jehová., así que seguí escuchando "al maestro" el cual nos dijo abiertamente que en diciembre haríamos sacrificios y nos vestiríamos de negro pero para no llamar la atención de la gente traeríamos nuestra ropa en una maleta y estando dentro de la casa solo ahí nos vestiríamos para no provocar chismes en el vecindario, después de estar todos de acuerdo me fui con "el maestro" y así pude ampliar mi curiosidad:

"el maestro"—Esa es la verdad preciosa hermosa, para que se te abran todas las puertas un sacrificio de un ser humano es perfecto para solucionar todos tus problemas.

-Thelma—¿Cómo atraeremos a la victima?

"el maestro"—Preciosa hermosa tu eres joven, atractiva y los hombres caerán redonditos contigo.

-Thelma—¿Cómo lo vamos a matar?

"el maestro"—Primero le pedimos permiso a sus dioses en quienes ellos creen o a su dios y después le corto la vena yugular para que se desangre ¡claro esta! debes estar presente al momento que lo mato, porque es tu sacrificio y ahí tú le harás tus peticiones a satanás y que puerta quieres que se te abra.

-Thelma:—¿y que haremos con el cadáver?

"el maestro"—El cuerpo se despedaza y se mete en bolsas de plástico negra y se dispersa por varios basureros, pero de eso me encargo yo.

-Thelma:—Okay estoy de acuerdo en todo, pero necesito hacer un cambio no puedo quedarme en Cuernavaca, es mejor Acapulco y ahí la depravación está en su punto y a los hombres les mueves los ojos y caen redonditos, se me hace mas fácil en Acapulco—te parece—¡claro esta! eso es entre tú y yo, debido a que a las otras no entran en nuestros planes por cobardes no diremos nada.

"el maestro"—Así es preciosa hermosa, así lo haremos y veras los grandes cambios en tu vida.

Esa noche me quede a dormir en casa de Nelly la cual consideraba mi amiga y le contaba mis problemas o lo que me sucedía en la vida, pero decidí desde el año 1995 no contarle mis problemas debido a que ese año fue que Alberto hizo sus hechicerías para deshacerse de mí y lo que viví fue desesperante y Nelly no me apoyo ni me comprendió y a raíz de ese año mi vida cambio por completo no era la misma Thelma feliz, fuerte, segura, valiente y demás cosas positivas.

Esto que viví desde el año 1995 hasta junio del 2002., no toda la gente lo puede entender y comprender solo los que vivimos para contarlo podemos comprender la magnitud del problema en el cual estas metido y no sabes cómo salirte pero gracias a Dios soy una vencedora y como Nelly hubo otras amigas que no me comprendieron y me decían que la brujería no existe que estaba en mi cerebro, bueno fuera eso y lo hubiese exterminado no digo que en un segundo pero siempre me he considerado fuerte y valiente que todo lo puedo por lo tanto me hubiese costado trabajo pero lo hubiese superado, pero no fue así, por lo tanto a mis amigas decidí contarle fantasías o mentiras pero no mis problemas ya que no me ayudaban en nada, más si me fastidiaba tener que escuchar un consejo que de nada me serviría.

Esa noche apenas si dormí a parte que el insomnio y las pesadillas que me daban frecuentemente me ayudaron a permanecer despierta así como lo que había escuchado con "el maestro", estaba completamente confundida, traicionada a mi manera de pensar, yo estaba buscando a mi Dios a mi Señor Jesucristo y me dicen que debo de servir a satanás y debo de sacrificar animales como un ser humano para que las puertas que tenía cerradas se me abrieran, sí que era fácil de hacerlo, porque todo en esta vida es fácil pensado pero actuado no era tan difícil para mí ya que soy una mujer de decisiones y más cuando te encuentras en aprietos das el todo por el todo.

Me acorde de mi abuela muerta recientemente y como todo mundo te dice que los muertos te hablan y te dicen que existe donde ellos se encuentran, hago mención de todo esto porque mis amigos de Cuernavaca los cuales habían perdido a su hija en un accidente de motocicleta compraron una computadora y un programa donde primero llenan una fuente con agua y al grabarla la transmitían a la computadora y después a escuchar voces de muertos, la verdad escuche varias ocasiones y escuchaba voz de hombres y mujeres gritando y como todos padres a doloridos decían escuchar la voz de su hija, sentía pena por ellos y nunca dije mi opinión por respeto pero escuchar tantas voces de muertos que gritaban con desespero.

Por eso esa noche le dije a mi abuela que me dijera en mi sueño que esta después de la muerte lo único que logre fue ver una figura en mi sueño con mucha luz la cual no me saco del apuro, al otro día decidí regresarme a Cuernavaca y me mantenía ocupada pensando que sería de mi vida, para donde iría ahora que era el mes de diciembre y no tenía para comer ni siquiera para regresarme a Acapulco, así que decidí acudir a mis amistades las cuales me respondieron positivamente, Víctor me prestó dinero para regresarme a Acapulco, mi amiga Evert me abrió las puertas de su casa para que viviera ahí debido a que no podía vivir en mi departamento porque no tenía dinero para comer en una palabra NADA, ahí el insomnio se apodero de media noche de mi sueño por lo tanto dormía poco, los dolores de los pies, manos y garganta día con día iban en aumento era desesperante, llegaba la navidad y yo sin tener dinero para nada, así que acudí a mi amiga Ana la cual me prestó $1,000.00 pesos con ese dinero que me prestó Ana pude llevarle una despensa a mis padres para que no sospecharan nada y hacerles una sonrisa falsa para no mantenerlos preocupados más de lo que ya estaban, pase la navidad sin novedad, mis tías como toda tradición cuando se muere una persona le rezaban cada mes y como toco navidad ni música había ya que por respeto del muerto y yo que me sentía muerta pero en vida, simplemente seguía la corriente porque en ese momento para toda la familia me estaba divorciando y la cara que traía era típica de divorciada e infeliz así que me ayudaba mucho la mentira que tenía, que mundo de mentira vivía en fin debería seguir con mi obra de teatro y yo era la estrella principal por lo tanto tenía todas las miradas directas a mi persona, Ana me invito a pasar el año nuevo en su casa y acepte por lo tanto pensé que sería una fiesta como todas las del año nuevo pero para mi sorpresa fue que estuvimos solas pensando en mi vida de todo lo que me estaba sucediendo y no comprendíamos el porqué de todo; pero como todo los años le pedí a Dios una oportunidad de ser feliz de volver a empezar como cuando tenía veinte años y empezó a volar mi imaginación de que el amigo de Rosalía el cual buscaba una mexicana para casarse, estuviera soltero y me llevara los más rápido posible debido a que los médicos no me encontraban ninguna enfermedad y los brujos, psíquicos como los que te leen las cartas me decían que no podían con la brujería que yo tenía debido a que era muy fuerte y si me quedaba en Acapulco moriría.

Llego enero del 2002 y mis problemas continuaban igual no mejoraba más si empeoraba, lloraba cada vez que me encontraba sola, un día decidí visitar a unas amistades cerca de la casa de mi amiga Evert, me vestí lo mejor que pude y camine hasta la casa de ellos en el trayecto la tristeza se apodero de mí y empecé a llorar de verme caminando y sintiéndome más muerta que viva, no tenía ganas de ver a nadie pero tampoco me quedaba encerrada ya que eso me hacía sentir mal, en la calle encontré a un joven el cual conocí en la iglesia católica, de nombre Ricardo el cual me insistía que quería conversar, como no me veía convencida de escucharlo me ofreció un refresco, y me siguió insistiendo la verdad no tenía ganas de escucharlo, tenía ganas de decirle que no, pero nunca he sido de esa manera más cuando se le nota a la persona una urgencia de platicar o necesidad de compañía, en esos momentos Ricardo se veía todo descuidado las uñas de sus manos largas, su cabello largo y desaliñado, todo en si se veía diferente al Ricardo que había conocido en la iglesia católica el cual presidía las reuniones una que otra ocasión y donde nos insistía que Dios existe, la verdad me seque las lágrimas disimuladamente y le acepte la soda, al estar en grandes platicas, mi sorpresa fue muy grande toda vez que Ricardo tenía una desesperación y me platico que deseaba suicidarse que no soportaba más la vida, que su vida no tenía caso, que tenía muchas broncas con su mamá, me platico una historia a medias porque no le comprendí exactamente el punto de su problema la cuestión era de que su madre no lo aceptaba y eso le dolía mucho, que no tenía trabajo porque lo había perdido debido a que él era un joven que trabajaba con las computadoras y ya había descompuesto dos, por lo tanto le dijeron que lo veían mal, que era mejor que renunciara a su trabajo así que abandono el trabajo y eso lo deprimió más, le pregunte insistentemente que le decían los sacerdotes sobre su problema, y él me dijo que los sacerdotes le insistían que no fuera con los brujos o donde te leen las cartas que hiciera mucha oración, pero él seguía igual por lo tanto estaba asistiendo a la yoga la cual lo tranquilizaba y las ganas de suicidarse se las quitaba acordándose que él había sido líder en la iglesia católica y no podía dar ese ejemplo, lo escuche muy atentamente, era lo único que podía hacer por él y decirle que insistiera en buscar ayuda, ya que en esos momento mi vida era parecida a la de él pero yo debería ser fuerte para poder ayudar a una persona que me pedía que lo escuchara, la verdad viéndolo a él así, ni siquiera me anime contarle mi vida, no era la persona adecuada la cual me escucharía., así que nos separamos y nos dimos nuestros respectivos teléfonos para estar en contacto.

Esa noche al intentar dormirme le pedí a Dios que me dijera cual era el camino, cuál era la verdad, necesitaba de su ayuda toda vez que todas las puertas que tocaba para pedir trabajo estaban cerradas, mi salud estaba cada día deteriorándose, en mi mente empezaban los cables entrelazarse y confundirme día con día.

Así que esa noche pensé que era el bien que era el mal, debería actuar estaba cayendo en la rutina, en el conformismo, en no luchar y esa no era la Thelma que yo conozco, por lo tanto me acorde de "el maestro", el cual me dijo que para que todas las puertas se me abrieran debería sacrificar a un ser humano y me acorde de Ricardo si ¡así es de Ricardo! el tenía ganas de suicidarse y yo simplemente le daría un empujoncito., pero había en mi una pregunta ¿que hay después de la muerte? ¿Qué precio tengo que pagar si mato un ser humano? y eso no me lo podía contestar, así que me dormí pensando en eso y soñé que lleve con engaños a Ricardo con "el maestro", cuando llegue toda nerviosa porque yo sabía a dónde lo llevaba, el simplemente se dejó conducir y al llegar a la casa de "el maestro" había mucha gente afuera de la casa con sus respectivos animales los cuales sacrificarían pero yo era la mejor, llevaba un ser humano, al entrar a la casa le dije con la mirada que era la víctima, "el maestro" me regaño ya que estaba llegando tarde pero ni lo tome en cuenta de los nervios que tenía, así que ví como Ricardo se acostó en el piso y "el maestro" simplemente le corto la vena yugular y yo salí corriendo para no ver más, pero llevaba en mis manos credenciales de identificación de Ricardo las cuales empecé a cortar con una tijera en pedazos chiquitos para que no las encontrara nadie pero cuál fue mi sorpresa Ricardo se paró del suelo y estaba junto a mi diciéndome tu amigo no me ayudo, así que rápido lo volví a llevar y otra vez le cortaron la vena yugular, pero de nuevo se volvió a parar y otra vez lo lleve y de nuevo se volvió a parar, en ese momento me desperté asustada y me di cuenta que no era el camino, pero me preguntaba cuál era el camino, esa era mi pregunta ya que estaba decidida a todo, a conseguir la victima ya que en Acapulco sería muy fácil conseguir víctimas y matarlas, pero yo sabia que si empezaba ¿a donde iba yo a terminar? ¿Cuál seria mi destino?, me estaba queriendo meter en algo que no sabía cómo después me tendría que salir, por lo tanto debería analizar las cosas que estaba por hacer o definitivamente salir huyendo, que dijeran "aquí corrió que aquí murió".

Meditando sobre esto llego a mi memoria que en el mes de abril del año 2001, mi amigo Darío tenía en su poder un libro exageradamente grueso el cual hablaba de una secta satánica la cual está en estados unidos, donde por medio del libro la señora que lo escribió alertaba a la humanidad sobre las sectas satánicas que existen en el mundo, me pareció muy interesante por lo cual se lo pedí prestado pero este amigo me lo negó rotundamente pero me dio la oportunidad en ese momento leer el principio, las páginas de en medio y el final y ahí entendí mucho, debido que al principio ella contaba cómo fue conectándose con satanás y como le sirvió al grado que llego hacer una de las mejores brujas, en esa secta existen las drogas, la bebida, la prostitución y los sacrificios humanos en el lugar donde ellos hacían los sacrificios humanos estaba cerca un hospital y en ese hospital estaba una enfermera que le leía la Biblia a los enfermos y eso para ellos era un obstáculo por lo tanto satanás les ordeno que deberían de matar a la enfermera así que ella y otros dos brujos se prepararon para ir a matar a la enfermera por lo tanto quedaron que irían en espíritu para así matarla y después todo se vería como que ella se mató, así que se salieron de su cuerpo y volando por el aire con dirección a la casa de la enfermera los cuales llegaron pero no pudieron matarla, toda vez que la casa de la enfermera estaba rodeada de ángeles tomados de la mano los cuales no les permitieron la entrada, pero ellos insistieron en entrar, al llegar ella a donde estaban los ángeles agarrados de las manos, uno de los ángeles le dijo, "todavía estas a tiempo de arrepentirte", ella lo tomo en cuenta ya que se acordó que había una señora que le insistía que Dios le amaba y podía ser perdonada no importaba lo que hubiese hecho más si volverse a Dios de todo corazón, ella así lo hizo, tuvo muchas batallas contra satanás ya que no aceptaba que lo hubiese abandonado, eso me impresiono mucho y lo tengo muy grabado en la mente, por lo tanto me humillaría ante Dios y le pediría perdón por todo lo que había hecho en mi vida y le pediría una nueva oportunidad no me importaba empezar como cuando tenía veinte años recién egresada de mi carrera pero con ganas de trabajar.

CAPÍTULO 10

Decision de vida o muerte

Mi vida era un caos debido a que la ciencia médica no tenía respuesta y los psíquicos o brujos esos que te leen las cartas me decían que tenía que abandonar a Acapulco, toda vez que Alberto deseaba que yo estuviera muerta y la secta satánica disfrazada la cual me pedía un ser humano para sacrificarlo estaba también en Acapulco, por lo tanto empecé a planear mi escape a Canadá, pero para hacer algo que no me agradaba debería lavarme el cerebro metiéndome ilusiones y fantasías leyendo unas novelas donde era pura letra, nada de dibujos o fotografías, libros sentimentales donde una mujer u hombre llegaba a un lugar ya sea playa, desierto, fabrica y ahí encontraba el amor de su vida y como en todas las películas, telenovelas y libros de fantasías terminaba donde se casaban y fueron felices llene mi cerebro con eso y por lo tanto determine que eso me ocurriría en mi vida, así que me documente con todo lo que tuviera a mi mano y actuar lo más rápido posible ya que cada día que pasaba me sentía como un cirio prendido que se estaba consumiendo y yo no sabía si estaba empezando a consumirse o estaba a la mitad o finalizando, así que debería de actuar, en pleno mes de enero del año 2002., sin ningún dinero en mi cartera empecé a ir por lo que le había pedido a Dios en la entrada del año nuevo con mi amiga Ana.

Me acorde de las veces que invoque a Dios cuando tenía veinte años y Dios me respondió, debido a este recuerdo fui de nuevo al zócalo de Acapulco y estando rodeada de gente, cansada de vender café y no tener éxito, le pedí a Dios perdón por todo lo que había hecho, le pedí una nueva oportunidad para mi vida de empezar desde 0, así que le hable a mi amiga Rosalía, para que me presentara a su amigo Italiano (a este señor mi amiga Rosy quiso presentármelo en el 2001 pero yo le dije que a mí no me gustaban los señores de 50 para arriba, o sea lo desprecie aparte porque todavía tenía mi carro y mi novio más joven que yo el cual me desprecio en ese año) , el cual llegaría en el mes de enero y estábamos en pleno febrero del 2002., así que lo encontró e hicimos una cita para el 14 de febrero a las 19:00 horas, me vestí sin llegar a la vulgaridad y en mi mente le pedí a Dios que el amigo de Rosy al momento que me conociera le gustara tanto que pensara en casarse conmigo y me llevara lo más rápido posible, a cambio de eso le prometí a Dios cambiar la ruta de mi vida siendo una mujer muy diferente, ser una excelente esposa, madre, hija, hermana, amiga.

Recuerdo que llegamos a una casa donde estaban varios italianos señores de cincuenta para arriba y yo buscaba insistentemente a Mario Nozzaci, pero él no estaba ahí, así que deberíamos esperarlo se me hizo larga la espera pero en fin estaba ahí y debería actuar, recuerdo que había como cuatro hombres italianos y también mujeres mexicanas, tal vez la pareja de algunos de ellos, hasta que por fin llego el mencionado Mario, ¡Oh Dios! saludo amablemente a Rosy después ella me lo presento, Mario sonrió al verme., pero el traía un ramo de flores que escondió , yo estuve seria solo observando me dio mucha risa ya que él se quería quedar con nosotras o sea Rosalía, su hermano de Mario y yo, pero él tenía un compromiso con sus amistades ya que el andaba de romance con una señora de cuarenta y cinco años con cuatro hijos y ese día era el día del amor y la amistad por lo tanto tenían cita en la discoteca; recuerdo que empezó a discutir con las mujeres mexicanas que eran amigas de la señora con la cual el andaba, que yo era fea, que Paula era mejor que yo., yo simplemente me reía por dentro ya que por el hecho de ser soltera, joven y sin hijos llevaba la de ganar y dijeran lo que dijeran yo de ahí no me movía, cuando ví a Mario por primera vez, no me impresiono como lo que leía en las historias de amor, al entrar Mario con un pantalón blanco, zapatos negros, camisa amarilla de flores entre negro y amarillo, con sus cincuenta y tantos años, de tez blanca, manos grandes, ojos color verde, calvo y regordete de la panza no era mi tipo pero debería atraparlo como diera lugar me gustara o no me gustara era mi boleto de salida para Canadá.

Recuerdo que él se me acerco para pedirme mi número de celular y yo rápido se lo di no quería perder tiempo, pero mi amiga se enojó y le dijo que lo tirara por favor que yo no era fácil (por mis adentros le grite a mi amiga, que se callara) porque en ese momento debería ser fácil, así que mi amiga tenía pensado que la relación fuera tranquila y que poco a poco lo fuera conociendo, debido a que Mario era un mujeriego y debería tener cuidado ya que se acostaba hasta con una escoba vestida de mujer y me pedía que le hiciera el examen del sida (en esos momentos no me importo si estaba más muerta que viva).

Después de esta entrevista me acuerdo que Mario no me hablo al celular ya que se quedó con el pensamiento de que no era fácil y que tal vez en dos años nos conociéramos como dijo mi amiga y yo de broma., por lo tanto tenía que actuar rápido porque se acercaba el mes de marzo y él se regresaría a Canadá; así que con el pretexto de buscar a su hermano para llevarlo al doctor y este me insistía que si me gustaba su hermano, le dije que sí, el hermano de Mario mayor que él se mostraba interesado en mi para Mario ya que él fue el punto de contacto, porque gracias a él Mario me hablo un día en la tarde y me invito a comer en la playa por lo tanto asistí, con la seguridad de que él me hablaría para novia y yo ya llevaba el SI por todo los sentidos, así que ese día me pidió que fuera su novia y rápido dije que sí, me acuerdo que me sentí bien porque ya había logrado mi propósito de que se fijara y ahora era de que él me pidiera que me casara, así que decidió conocer a mi familia, toda vez que partiría el 27 de marzo del 2002 y deberíamos actuar como yo quería rápido, así que lo lleve a casa de mi hermana Carolina, la cual se quedó sorprendida por llevar a un señor 22 años mayor que yo, después fui a la oficina de mi hermano Luis, él también se llevó la gran sorpresa, pero nos pusimos de acuerdo y nos fuimos a un restaurante, después nos regresamos a Acapulco y decidí llevarlo a conocer a mis padres ya que me pidió casarse conmigo, me acuerdo que le hable a mi hermana para saber dónde estaban mis padres, pero mi hermana empezó a decirme ¡estas loca! como te vas a casar con ese hombre, piénsalo; solo logre decirle "aja" y me fui en busca de mis papás ¡Oh sorpresa! que se llevaron mis papás, cuando Mario les dijo que me amaba que deseaba casarse conmigo, a mi mamá se le llenaron los ojos de lágrimas porque sabía de antemano que su hija se iría muy lejos de ella, Mario se salió con mi papá a fumarse un cigarro, al quedarme sola con mi mamá, le dije "mamá no te preocupes por mi yo estaré bien, Mario es mi salvación", ella solo sonrió, después nos regresamos con Mario a Acapulco, el dos de marzo que es mi cumpleaños Mario me hizo una fiesta y ahí me entrego mi anillo de compromiso (una de las invitadas vio que yo no estaba emocionada como otras novias que esperan ansiosamente el anillo de compromiso de su prometió e hizo el comentario, yo la tire a locas como todos) estaba feliz por mis logros pero había algo que me pasaba interiormente me sentía mal cada día, pero me hacia la fuerte no le daría a entender a Mario que no me sentía bien, porque no sabía si me iba a entender así que aguante hasta más no poder, un día estando con el sentí un aire que me entraba por el oído y después salía, sentía espinas en la planta de los pies los cuales no me permitían caminar mucho, orinaba a cada rato, los músculos como los huesos de las manos y cadera los dolores eran insoportables las 24 horas del día; recuerdo que fui a sacar mi pasaporte porque a principios de abril tendría que viajar a Canadá, pero tuve problemas pero gracias a Dios que papá tiene sus amistades y me ayudo a sacar mi acta de nacimiento de nuevo y solo así saque mi pasaporte, mis padres estuvieron conmigo en Acapulco por varios días mientras se iba Mario para que lo conocieran mejor, a papá le fue agradable Mario, toda vez que mi esposo es muy sociable de buen corazón y se le nota perfectamente bien, a mamá como toda madre le resulta pesado soltar a su hija con un hombre que es más grande que yo y completamente desconocido debido a que solo teníamos de conocernos un mes y trece días; mamá siempre a la expectativa tanto fue que le dio consejos a Mario, que no fuera celoso conmigo que me respetara, Mario lo escucho atentamente sin ser grosero dijo que si, Mario se regresó el día 27 de marzo despidiéndonos y diciéndonos nos veremos en abril ten todo en orden que yo te envió dinero., ahora tenía una esperanza de estar fuera de mi país y que estando en Canadá todo sería hermoso diferente y que por fin seria inmensamente feliz, lo que tanto anhelaba y estaba a un paso de lograrlo, pero al no estar Mario conmigo volví a la cruda realidad, me derrumbe me sentía mal, había en mí una desesperación porque los dolores cada día se volvían más insoportables.

Debido a que los médicos no me encontraban enfermedad alguna en mi cuerpo una amiga me recomendó a su psíquica la cual consulte y me dijo que me cobraría $500.00 pesos, por dinero no pararía ya que Mario me mandaba dinero de Canadá, ella me dijo que Mario me quería, que era una buena persona pero que Alberto deseaba que no fuera feliz ¡Oh no! estaba de nuevo Alberto en mi camino así que le dije que me ayudara, también me dijo que yo no podía tener hijos por lo mismo de la brujería, que ella me ayudaría por lo tanto pague y le dije que actuara rápido debido a que ya tenía mi vuelo para Canadá y deseaba estar feliz con mi nueva vida, pero esta tipa era una burladora de primera, porque según ella debería hacer un trabajo y que necesitaba más dinero, le dije que sí, yo vería como se lo sacaba a Mario, pero para mí desilusión esta bruja era una borracha de primera y falsa, por lo tanto cuando llegaron mis papás hable con ellos llorando que Alberto seguía con sus cosas, que yo me sentía mal físicamente (la verdad les mentí porque no les dije la verdad de que no tenía ganas de vivir; que estaba fastidiada de vivir así, que era mejor morir), mi hermano y mi papá se fueron a Chilpancingo yo me quede con mi mamá andando de bruja en bruja y una de ellas dijo que con una vela y trescientos pesos este tipo me dejaría en paz, le creí y le pague., también dijo que Mario era buena persona, pero le dijo a mi mamá que yo en Canadá lloraría mucho, no me importo en ese momento porque no le tome importancia, después fuimos con otro cuate que cura de brujería ya que yo deseaba saber que tenía si los médicos no me encontraban nada y las brujas siempre me decían que había un hombre que no deseaba que fuera feliz, solo pensaba en Alberto y en nadie más por lo tanto debería atacar a Alberto así que ese hombre donde fui con mi madre resulta que es amigo de Alberto y me dijo que no tenía brujería, que yo estaba bien, que no me casara con Mario porque no haría bien, me acuerdo que mi madre me dijo que no le hiciera caso, pero yo estaba enojada, cansada por más que luchaba no me sentía bien, en la noche con mis papás paseábamos cerca de la playa ellos caminaban yo no debido a que se me dificultaba caminar, mi madre y yo dormíamos juntas y ella me escuchaba lamentarme en las noches por los dolores insoportables que no se me quitaban en ningún momento, mamá le pidió a Mario que cuando llegara a Canadá me llevara al Doctor.

Por fin llego el veinte de abril mi día tan esperado para estar fuera de México y empezar mi nueva vida, así que le pedí a Dios que me ayudara con la inmigración para que no tuviera problemas y al llegar al aeropuerto de Toronto, Ontario Canadá como no entendía el inglés el tipo que me toco de la inmigración me preguntaba y yo le decía que no sabía hablar inglés el tipo opto por sellarme mi pasaporte dándome seis meses de estadía en Canadá., al salir veo a mi amado Mario feliz que estuviera en Canadá y es aquí donde empieza mi guerra por vivir.

Yo pensé que llegando a Canadá todo sería diferente, como los brujos me decían que tenía que estar fuera de Acapulco y yo estaba fuera del puerto pero eso fue una vil mentira, debido a que al llegar a Toronto, mi vida fue más difícil, toda vez que no dormía una hora, siempre me la pasaba en vela caminando de un lado a otro toda la noche, los dolores eran más agudos, ahora me salía una flema amarilla de la garganta sin tener tos, me daba una comezón en el pie derecho a las doce de la noche con una exageración que pensé un día en enterrarme un cuchillo para ver si así se me calmaba, sentía presencias en mi casa así que siempre tenía una lámpara encendida, me daban unos piquetes en el vientre que me hacían doblarme del dolor, el dolor de cabeza era diario, los dolores de los pies, manos y columna eran insoportables y para aumentar más mi dolor mi querido Mario me estaba haciendo la vida imposible con sus celos exagerados ya que pensaba que tal vez me iría con otro hombre andando en la calle, así que me hablaba cuatro veces al día y si no me encontraba me la hacía cansada hasta más no poder, algunas veces o estaba en la lavandería o en la tienda, pero este hombre se despedazaba en sus celos y en su inseguridad, y yo muriéndome día con día, sentía que se me escapaba la vida, pero tenía una esperanza que en Canadá todo se arreglaría, así que después que Mario se iba a trabajar, agarraba la Biblia y prendía una vela que mi amiga Teresa me regalo y empezaba hablar con mi Dios con mi Señor Jesucristo, pidiéndole perdón por todo y le pedía que me ayudara porque me estaba hundiéndome cada día y no encontraba una salida, así le hable a Dios todo abril, mayo y parte de junio del 2002 gritándole que me ayudara que no me quería morir pero que si había llegado el momento de morirme por parte de él lo aceptaba y que me matara en ese instante debido a que no quería seguir sufriendo, pero si era por parte de Alberto que no aceptaba morirme porque un hombre quisiera que yo muriera, aparte era una injusticia de su parte ya que él fue el que me engaño, no yo, yo fui honesta con él por lo tanto no lo aceptaba y si era por la secta satánica disfrazada por a verme salido tampoco lo aceptaba ya que todo eso era una falsedad y no había aceptado matar a un ser humano, por lo tanto le gritaba que me ayudara que yo no podía con lo que me sucedía, un día de tanto llorar siempre terminaba cansada agotada e inflamada de la cara y sin ganas comía lo que había y me ponía a ver televisión y nunca hacia aseo, no tenía ganas de nada, era tanto mi sufrimiento con el insomnio, con los dolores que un día pensando dije "si me corto las manos, los pies y la cabeza dejaría de sufrir" pero me estaba matando, así que opte por no pensarlo, un día llorando le dije a Dios que estaba cansada que prefería morirme que me perdonara por haber ilusionado a Mario pero era preferible regresarme a México y morir en brazos de mi madre, llore mucho porque deseaba morir por no soportar los dolores de los pies, manos, garganta y cabeza, pero también me enoje y grite como la loca sin importarme si los vecinos me escuchaban le dije a Dios que "deseaba ser feliz, deseaba tener una familia, un esposo que me quisiera y me comprendiera, que me perdonara todo lo malo que había hecho en mi vida pero deseaba una oportunidad, recuerdo que ese día estando hablando con Dios sola en la recamara alguien me movió así como me apagaban las luces pero nunca tuve miedo, mas seguí clamando, gritando pidiéndole a Dios hazme un ¡ m i l a g r o ¡ me quede exhausta de tanto clamar sin fuerzas en mi cuerpo, me acurruque en la cama y me quede inmóvil con los ojos y la boca cerrados debido a la inflamación y me quede triste, meditabunda y volaba mi mente buscando recuerdos de felicidad que me sustentaran a sobrevivir, era una mañana quieta no había ruidos solo yo y mi respiración y de repente sentí como alguien me hablo al oído como un susurro de un novio enamorado que te dice "te amo" y solo uno lo oye y nadie más, y esa voz me dijo " S A N A R A S ", abrí los ojos como pude y busque por todos los lados pero no vi a nadie sabía perfectamente que estaba sola, no me asuste pero eso me llevo a que me levantara de la cama y fuera a la sala y como siempre encendí la televisión para no sentirme sola pero mi esposo y yo siempre en la noche dejábamos la televisión en el canal 47 porque a mi esposo le encantan ver las películas como a mí, pero resulta que cuando la encendí no estaba en el canal 47 sino en el canal 35 y estaba un conductor diciendo "es usted infeliz" dije si, "tienes ganas de suicidarse" dije si, " si está enfermo venga a la Iglesia Universal del Reino de Dios, donde Dios se manifiesta grandemente y le hará un milagro en su vida el día de hoy así como le cambiara toda su vida., "esa era la respuesta a mis oraciones a Dios", por lo tanto no tarde en anotar el número telefónico para después hablar, el conductor dijo ponga su fotografía en la pantalla de la televisión y tome un vaso con agua, que vamos a orar y hoy Dios le hará un milagro, recuerdo que corrí por el vaso con agua e hice la oración y me tome el agua, después hable por teléfono y me dijeron que la iglesia quedaba cerca de mi casa que me esperaban para hacerme una oración dije que sí, anote la dirección y hable con mi esposo esa tarde el cual me dijo que no porque no era una iglesia católica y yo tuve miedo toda vez que no quería caer otra vez en una secta satánica disfrazada, pero ese día sucedió el M I L A G R O, pude dormir toda la noche.

Como mi esposo no acepto le exigí que me ayudara porque me estaba muriendo día con día, él no me entendía nada, porque no aceptaba lo de la brujería yo le platique todo pero me dijo que no me comprendía, así que me llevo con una psíquica la cual hizo que agarrara unos cristales y por medio de ellos le dijo todo a Mario que desde el año 1995 un hombre no deseaba que yo fuera feliz y por lo tanto nunca sería feliz si no me ayudaba, pero esta cuata nos cobraba ochocientos dólares y mi esposo no le gusto así que un día llego a la puerta de la casa un anuncio en ingles de una bruja donde decía que ella te libraría de brujería por más fuerte que fuera así que esta bruja nos cobró mil setecientos dólares y me dio un polvo para que me bañara con él, me dio una pócima para tomarme y se me quitaran las flemas que me salían y después me dio una vela para que la encendiera e hiciera oración cada hora, los cuales lo hice al pie de la letra, porque quería curarme pero nada sucedía, como me sentía cada día más peor, le dije a Mario que le comentara a la bruja que no me sentía bien así que la bruja solo decía que debería hablar con el espíritu para ver qué hacer, mis dolores iban en aumento con los días, las flemas las sacaba cada cinco minutos orinaba cada diez minutos, no podía caminar ni cinco metros porque si los caminaba terminaba llorando del dolor de todo el cuerpo, me ponía un dulce para segregar saliva en las noches ya que me tomaba dos litros de agua por la resequedad que sentía, me sentía depresiva, nerviosa, con ganas de suicidarme y lo peor de todo sentía presencias en mi casa cuando me bañaba debería hacerlo con los ojos abiertos debido a que sentía que alguien estaba atrás de mí, cuando dormitaba me daban unas pesadillas que sentía que alguien me ahorcaba así que deseaba dormir y a la vez no debido a que le tenía miedo a las pesadillas y empecé a sentir una tela como de araña que me cubría todo el cuerpo, otra vez fuimos con la bruja y ella le dijo a Mario que mis oraciones no llegaban a Dios porque yo tenía un espíritu dentro de mí y le sugirió a Mario que debería de salir a las tiendas para que no me deprimiera, así que Mario me daba dinero para que fuera a las tiendas y me comprara una que otra cosa y así lo hacía, pero un día amanecí con una comezón en la cara después en todo el cuerpo al mismo tiempo y me di cuenta que me estaba volviendo loca por lo tanto reaccione y decidí jugar la última carta que me quedaba, tocar en la Iglesia que había visto en la televisión, por lo tanto hable y decidí ir sin avisarle a Mario, era mi vida no la de él y por mí ya había llegado a Canadá por lo tanto debería ir hasta el fin del mundo si fuera preciso por ser feliz ya que me acordaba que ese día que tome el agua había dormido y esto hizo que acudiera, debido a que desde 1995 hasta el 2002 fui perdiendo el sueño poco a poco hasta llegar a no dormir nada, por lo tanto me puse en acción.

CÁPITULO 11

Mi encuentro con Dios

Así llegue a la Iglesia Universal del Reino de Dios, que queda a doce cuadras de mi casa ahí me atendió un pastor joven como de veinticuatro años el cual le conté mis problemas el hizo una oración y poniendo sus manos en mi cabeza así como ungiéndome con aceite en la garganta, manos y pies me invito a que asistiera a la reunión los martes de sanación, los viernes de liberación de brujería, mala suerte nerviosismo, depresión, casos imposibles etc., de males, así que ese día pude dormir y me sentía feliz ya que había encontrado un lugar, donde no me cobraron un dólar y con una oración estaba durmiendo, así que decidí ir el viernes de liberación, pero como toda mexicana desayune temprano a las nueve de la mañana y la oración es a las diez así que estando en la oración empecé a sentir unas ganas enormes de vomitar, pero me acorde que había desayunado por lo tanto me contuve y no vomite porque me daba pena ya que la alfombra estaba muy bien cuidada así que me prepare para el otro viernes no llevar alimento en mi estómago y así lo hice, estando en plena oración sentí ganas de vomitar y ahora si dije voy a vomitar y empecé a vomitar flemas y más flemas que termine toda cansada pero me sentí feliz ya que cada día que pasaba me sentía mejor, estaba volviendo a sentirme viva, así que empecé a asistir los lunes por la prosperidad ya que perdí todo y necesitaba volver a empezar, los martes por mi salud, los miércoles por saber la palabra de Dios, los jueves por mi familia debido a que todos estaban en México y los viernes por mi liberación de las brujerías y de más cosas no normales., siempre iba programada que era lo que quería que Dios me quitara así que los viernes siempre iba determinada sobre el mal que quería que se me quitara y empecé por unos gusanos que sentía que me caminaban dentro de los pies y el obispo o pastor te dicen que debes de luchar y decir que no aceptas nada malo en tu cuerpo, así que siempre iba con ese pensamiento, me acuerdo que un viernes le pedí a Dios que me liberara de la brujería que me había hecho Alberto para matarme así como de los espíritus satánicos que invocaba en la secta satánica disfrazada "el maestro", ese día sentí como una fuerza se empezó a salir de desde muy adentro de mi al grado que sentí que abrí la boca tan grande para que saliera, no vomite pero salió una burbuja dentro de mi muy grande como un globo invisible, es muy difícil de explicar cómo fue exactamente, pero desde ahí, mi vida empezó a tomar otro sentido de vivir, la alegría volvió a mí, las ganas de luchar, lo positiva que soy, se me quitaron las ganas de suicidarme, de ver sin sentido a la vida, la amargura, la depresión, el nerviosismo en fin todo lo malo, volvió la Thelma que yo conozco luchadora e incansable por vencer todos los problemas., ese día que se me salió la burbuja invisible dentro de mí lo cual era el espíritu que dijo la bruja que yo tenía, me acuerdo que no hubo pastor, obispo u obrera que me pusiera la mano en la cabeza como lo acostumbran hacer cada viernes para que me sucediera eso ya que cuando vomitaba era una obrera la que me ayudaba pero ese día la presencia de Dios en la iglesia universal fue que saco ese espíritu que me atormentaba por años.

Asistiendo a los servicios de los miércoles como los domingos ahí escuche que el padre de la mentira es satanás (San Juan Cap. 8 Versículo 44), así que decidí decirle a mi esposo que estaba asistiendo a esa iglesia y que me sentía cada día mejor, en una de las reuniones que asistí se nos dijo que habría bautizo en las aguas, la verdad yo no quería un compromiso con Dios, cuando acudí por primera vez a la iglesia me fui pensando si voy a esta iglesia y me curan y me salgo ya curada., yo quería seguir mi vida como antes, en lo mismo pero siempre cuando el Obispo Carlos predicaba mis oídos estaban atentos a todo lo que decía y la palabra de Dios me llego hasta el fondo de mi alma y empecé a tener respuestas a mis preguntas, a pesar de haber leído en el año 1995 la Biblia, la leí como cuando uno lee un libro de ciencia y ficción y no le tome importancia, así que debería ponerme las pilas y pedir asesoría referente a la palabra de Dios porque todo lo que era imposible ante los ojos de los curanderos, psíquicos, brujos que supuestamente tenían el poder para deshacer cualquier brujería por más fuerte y poderosa que fuera así como la ciencia que mis males no tenían explicación y al llegar a la iglesia todo se había esfumado entonces mi pregunta era ¿Cómo podía pagarle a Dios? ni con todo el dinero del mundo pago un día de vida que Dios me da, así que ahí venia lo pesado mi comportamiento ese era el que debía de ver, que en pláticas con el Obispo Carlos, me dijo que lo principal era el bautizo en las aguas y mi arrepentimiento de corazón de mi vida pasada o sea de todos mis pecados los cuales eran una gran lista, así que decidí bautizarme a escondidas de mi esposo; recuerdo que me metí a la bañera el día sábado y estando completamente desnuda, le dije a Dios que él así me conocía porque me vio desde bebe y que en ese momento yo estaba creando una imagen de lo que sucedería al día siguiente en mi bautizo, así que le dije a Dios que me perdonara de todo lo malo que había hecho en mi pasado pero que deseaba de todo corazón estar bien con él, que yo no veía una imagen de él y ni siquiera sabía cómo era él, lo que si sabía es que el me escuchaba y por eso había llegado a la iglesia por lo tanto debería cambiar la ruta de mi vida, así que me puse a imaginar que Dios iría a mi encuentro para quitarme todos mis pecados y al entrar al agua al otro día saldría yo sin pecados no una Thelma bañada sino limpia por mi fe para hacer una nueva vida, pero me preguntaba ¿Cómo? así que me acorde cuando tenía doce años que estuve internada con puras niñas de esa edad y nuestro dormitorio estaba muy retirado de la sala de espera donde llegaba mi papá a visitarnos muy esporádicamente ya que carecíamos de dinero, recuerdo que varias ocasiones mi papá fue a visitarnos en fin de semana y yo estando con mis amigas en el dormitorio o en el jardín las chicas empezaban como el teléfono descompuesto a gritar el nombre de la persona que habían ido a visitar y decían a "Thelma y Carolina las vinieron a ver" era sorpresa para mí así que me imaginaba a mi papá, que era él y empezaba a volar mi imaginación y corría sin cansarme en busca de mi papá porque tenía la seguridad y la certeza de que era él, mi alegría era inmensa y al llegar a la sala era mi papá con una sonrisa y yo corría abrazarlo eso era un gran regalo ante tanta "inocencia" así que me puse a imaginar que me decían a Thelma la vino a ver nuestro Señor Jesucristo y mi alegría era inmensa, mi Dios, al cual clamaba desde los catorce años y él me contestaba y ahora a mis 35 años cuando me debatí entre la vida y la muerte el por su inmensa misericordia me escucho, mi Dios que me salvo del infierno que estaba viviendo desde hace años, el Dios al cual grite sin cansarme me ha dado otra oportunidad de vivir y ser feliz.

En esos momentos me sumergí en el agua y así lo determine y me fui con ese pensamiento, al otro día no disfrute mi bautizo ya que estaba nerviosa por mi esposo, sabía que me buscaría y no me encontraría en la iglesia indicada ya que estábamos en el primer piso donde se hacen los bautizos, ese día mi esposo casi me manda a mi país debido a que no me encontraba, yo solo le decía a Dios que no me toque el cabello porque entonces ahí sí que me da el ataque debido a que a mi esposo le perseguía la duda, el miedo y la incredulidad de mi persona, porque no daba crédito a que estaba con él para hacer un buen matrimonio, así que me quede callada y solo conteste la verdad, me acuerdo muy felizmente que a partir del bautizo mi vida se fue transformando para bien ya que me encantaba platicar con muchas groserías y la verdad por mas intentos que hacía para no decirlas me era imposible a pesar de las regañadas de mi madre, nunca le hice caso porque le decía que así yo era feliz, ahora se me han quitado y las mentiras también, me sorprendí grandemente pero puse en práctica mis platicas sin groserías ni en español, ni en italiano mucho menos en inglés, había dado un gran paso y sobre las mentiras esas también desaparecieron y cuando viene una que quiere salir me acuerdo de Dios y del temor que le tengo por lo tanto no saldrán de mi boca jamás.

Fue muy sorprendente el cambio, pero esto sucede cuando uno en verdad quiere un compromiso con ese Dios que te escucho y te salvo, sinceramente no tengo palabras para describir lo que se siente cuando haces tú bautizo de corazón y te entregas realmente a Dios porque hay un cambio sobrenatural en ti el cual te da poder para dejar las cosas que nos agradan sin sentir dolor.

CÁPITULO 12

Descubri como ser feliz, naciendo de nuevo

Iba avanzando a pasos agigantados cada día en mi fe y en mis determinaciones en ser feliz cada día y en entender la palabra de Dios, así que ponía mi fe en acción estando dentro de la iglesia por lo tanto todos mis problemas de salud cada día se iban desapareciendo no como arte de magia pero mi insistencia era la de exterminarlos y eso me hacía feliz, pero al salir de la iglesia volvía completamente a la cruda realidad de mi vida, estaba casada con un hombre que no amaba el cual había utilizado en mi desesperación para salirme de mi país, por lo tanto el me hacia la vida infeliz ya que si en el año 2002 luche por liberarme de todo lo que me estaba consumiendo y ahora estaba deseando de todo corazón nacer de nuevo y hacer un cambio completo en mi vida, pero lo lógico que esa era mi manera de pensar pero la de mi esposo era que siempre me echaba en cara que quería los documentos para estar bien en este país y que también quería su dinero, como yo podría combatir a tanto miedo, duda e incredulidad hacia a mi persona, cuando por un lado escuchaba la palabra de Dios y sobre mi comportamiento como cristiana y seguidora de mi Señor Jesucristo y por otro lado a mi esposo que las religiones solo son política y que los obispos quieren solo el dinero y que son unos estafadores; si yo me convirtiera en una cristiana **fanática y loca** y trabajara día y noche sin descansar para pagarle a Dios los días que uno vive en esta tierra ya sean buenos o malos no hay precio para pagar, así que mi esposo con sus debilidades y miedo en su dinero me tenían cansada, por lo tanto debería hablar con Dios que deseaba ser una cristiana de corazón no de boca, porque de boca hay muchos cristianos y de esos me encontré muchos en mi país como aquí en Canadá, yo no quiero ser de boca, quiero ser de corazón, quiero obedecer la palabra de Dios, así mis familiares, mi esposo mi amistades en si el mundo en general se paren de cabeza y me digan que eso es una locura, ¿pero pregunto? a las personas que te critican sea familia, amigas a la gente en general que critican tu vida de cristiana, quien de ellos me ayudo cuando les platique mis problemas y me dijeron que era psicológico y otros me dijeron que la brujería no existe—ninguno verdad—por lo tanto nunca les haré caso en que deje yo la iglesia o le dé la espalda a Dios, prefiero darle la espalda al mundo el cual me envolvió y fui muy infeliz, ahora solo viviré para darle gracias a Dios por los días de vida que me da y para decirte a ti que "DIOS EXISTE", solo dile que estas fastidiada (o) de la vida rutinaria del alcohol, de las drogas, del sexo, del dinero, de los hombres a ti mujer, de las mujeres a ti hombre, de ser homosexual o lesbiana, o prostituta, ladrón, ya que si hay felicidad en ello, pero efímera que se esfuma como el humo de un cigarrillo y se mete a tus pulmones y en determinado tiempo te hace mal y te vuelves vulnerable, infeliz, de mal carácter y de tanta desilusión decides suicidarte al no encontrar salida, cuando hay una esperanza y es en mi Señor Jesucristo el cual me ha ayudado en todos los aspectos de mi vida.

Debido a que mi vida fue de llorar por no entender por qué mi esposo no comprendía que a pesar de ser mayor que yo, por el hecho de utilizarlo para venirme de Acapulco para Canadá yo ya no tenía un compromiso con el sino con el propio Dios, porque si hubiese hecho un compromiso como lo hacen todos los esposos que se casan y juran amor eterno a su pareja frente al altar y según frente a Dios y para después divorciarse o engañar a su esposa (o) con mucha facilidad ese no es mi caso porque si yo hubiese hecho un compromiso con mi esposo lo hubiese abandonado a los pocos meses de vivir con él, porque en mis cinco sentidos nunca hubiese aceptado un hombre mayor que yo, con problemas de vicios, miedoso, carácter débil a mi esos hombres no me servían, pero en este caso muy particular yo había hecho un compromiso con Dios de comportarme bien con El, si El hacía que mi esposo me trajera rápido a Canadá ya que ningún hombre me quería ni porque yo le pagara, así que yo Thelma con una fe sobrenatural empecé a ver a mi matrimonio bien con un esposo con la misma fe, a estar enamorada de mi esposo, a mis hijos añorados, a mi familia feliz, a mis amigas creyendo en mi Dios y transformándoles sus vidas, pero esto existe en mi fe sobrenatural y por lo tanto debería ponerla en acción, porque si llore cuando estaba sumergida en mis miles problemas sin solución ahora lloraba amargamente y tristemente al verme metida en un matrimonio sin amor por lo tanto siempre le suplique a Dios que me diera amor por este hombre o me sacara de esto lo más rápido posible ya que yo luchaba por mi matrimonio pero en vez de avanzar iba para atrás, yo luchaba por hacer mi sueño realidad y mi esposo por echarlo por la borda por su inseguridad debido a que sus "amigos" del bar donde mi esposo se la pasaba ocho horas al día, le decían que tuviera cuidado conmigo ya que soy muy joven y fácilmente lo traicionaría., por otro lado la familia de mi esposo al conocerme también le dijo lo mismo que soy muy joven y que solo debería querer los documentos y el dinero, me daba risa y les daba la razón, ellos no tienen a Dios como yo, ellos no entienden ni tienen temor a Dios como el que yo le tengo a mi Señor Jesucristo por lo tanto como debería de actuar, como debería de ser estaba aprendiendo a ser una cristiana o estaba naciendo de nuevo, estaba en pañales por lo tanto si actuaba como en mi pasado era una cristiana de boca pero si actuaba como una cristiana de corazón debería aguantar y luchar por este matrimonio así me costara lágrimas de eso no moriría, me costara humillaciones tampoco de eso moriría, me costara t o d o, yo tengo fe que es "la certeza de lo que se espera pero que no se ve" por lo tanto iría por ello como cuando lo hice en mi pasado, hablaría con Dios que no aceptaría el matrimonio que tenía, que él podía cambiarlo que él es un Dios poderoso que escudriña las mentes y los corazones y por lo tanto debería cambiar mi matrimonio, porque no iba aceptar una vida miserable, como vi la vida de mi abuela, de mi madre, de mis amigas, que sus esposos las pisoteaban, humillaban, tenían amantes y ellas aguantaban porque no tenían otra salida, tenían hijos que mantener y solas ellas no podían por eso tenían que aguantarse todo, pero yo no soportaría una vida miserable, ruin, mediocre, con vicios y pleitos, yo había nacido para ser feliz ¿Cómo? no lo sé, Dios tuvo misericordia de mí y me salvo del infierno que vivía por lo tanto así como le clame que me ayudara que no me quería morir, así también le clamaría que no aceptaba este matrimonio que me ayudara a cambiar a mí como persona y a mi esposo porque deseaba ser feliz, así que siempre moleste y quite tiempo a los obispos, pastores o auxiliares para pedir un consejo, ya que en mi desesperación a veces platicaba con la gente que no tiene fe en Dios como yo o que no a va la iglesia como yo o que está dentro de la iglesia y es cristiana de boca, se le ocurría decirme déjalo tú tienes una oportunidad de ser feliz, esta respuesta yo ya la sabia, mi inteligencia de mundo me lo decía pero mi vida de cristiana de corazón me decía como el obispo Carlos, luche señora un día cansada de tantas humillaciones de mi esposo como su familia extrañe tanto a mi madre que llegue llorando a la iglesia y por supuesto asuste a los pastores como obispo, estaba triste, decepcionada y quería salir huyendo lo más rápido posible, fue el primer día que extrañe a mi madre y llore hasta más no poder, pero ahí estaba un pastor escuchándome atentamente y amablemente que termine sonriendo ya que le dije que estaba cansada y que en ese momento me sentí sola sin mi familia a mi lado, después de tantas luchas llevaba diez meses sin ver a mi familia y por lo tanto explote; ese día el pastor hizo una oración y regrese a mi casa con fuerza para seguir luchando.

Recuerdo que era tanta mi infelicidad en mi matrimonio que un día decidí terminar con todo y fui con el obispo Carlos pero antes hice oración y platique con Dios que él no me podía hablar pero que a través del obispo Carlos se manifestara que me hablara fuertemente porque estaba sufriendo mucho y debería tener una razón el porqué de seguir en este matrimonio, así que llegue a la iglesia y le dije al obispo que estaba decidida a irme de Canadá el pregunto ¿Por qué? porque no soy feliz y cada día mi esposo me hace la vida infeliz, me dijo con toda la paciencia del mundo "señora, luche por su esposo, luche por su matrimonio, le conteste: no obispo estoy cansada es mejor irme y él me dijo muy serio: señora cree usted que esto es sencillo, cuando usted le pidió una oportunidad a Dios y le pidió a su esposo, Dios se la concedió y le ayudo ahora es solo de aguantar y luchar hasta el final, no es fácil en lo que usted anduvo, no era nada fácil por lo tanto su vida tiene que pasar un desierto y ahí vera Dios si usted está luchando por su matrimonio pero no deje de clamar pida a Dios que él la escuchara no hoy, ni mañana, pero usted tenga la fe que un día será, también me pregunto cómo andaba con mi carácter ahí reconocí que yo también tenía culpa.

Salí pensativa como Dios me hablo a través de su obispo, en verdad me sorprendió la pregunta sobre mi carácter, los hombres de Dios solo nos miran una hora y nada más y no pueden tener un criterio de uno, así que me di cuenta lo mucho que me afectaba tener un horrible carácter que ni yo misma me lo aguantaba, por lo tanto debería someterme a Dios.

Varias veces escuche decir al obispo o al pastor que a los esposos se les debe de tratar como si fuera nuestro Señor Jesucristo, me reí por dentro hasta más no poder, el problema era como hacerlo ante tanta humillación y tanto desprecio debería someterme a mi esposo ¿saben? eso me dolió mucho y llore hasta más no poder yo Thelma la del carácter valiente, positiva, prepotente, explosiva, soberbia y sin tener una gota de amor por mi esposo, debería someterme a él, me gustara o no me gustara a pesar que él me humillara, me llamara mentirosa, falsa y demás insultos sí que fue tremendo para mí y mi carácter ya que me gustaba dominar y si tenía la razón peor, llore y llore y le dije a Dios que me ayudara que no podía con tanta humillación pero si yo tenía que sufrir todo esto para ver su rostro cuando yo muriera, adelante pero estas conmigo mi Dios, porque yo como humana no puedo, soy vulnerable, rebelde y si pisotee en el pasado fue porque me gustaba que la gente que estaba a mi alrededor fuera fuerte y valiente y muchos lo tomaron en cuenta como otros me odiaron, el obispo Carlos me explicaba como una madre que está embarazada y sufre las consecuencias del embarazo pero lo sufre gozosa debido a que sabe que en nueve meses tendrá un bebe que la llenara de alegría, a veces quise tirar la toalla y huir para mi país pero entonces ¿Dónde estaba la Thelma luchadora? ¿donde? siempre me vi en el espejo llorando y diciéndome tu puedes vamos adelante eres un soldado en la guerra solo es de aguantar y venceremos ese fue mi lema, no me importaba llorar día tras día pero era mi lucha y yo podía, si algo vio en mi Dios es la valentía que viene de él y la indignación de no soportar mediocridad por lo tanto venceré ya que mi alianza esta con mi Señor Jesucristo un Dios vivo que me escucha debido a que mis oraciones han tenido respuesta ya que mi esposo ha reaccionado y sabe que tiene que sacrificar la vida de soltero parrandero que tiene así como el no ser fuerte ni valiente como para tomar una decisión sin importar que dirá la gente, la gente no te da de comer, a veces debemos tomar una decisión en nuestras vidas sin que nos importe el que dirá la familia como los amigos, el propio esposo, porque cuando uno está cansado de una vida miserable y rutinaria sin sucesos, de vicios, mediocridad, mal carácter debe uno analizar su vida y preguntarse ¿para donde va mi vida? es el camino correcto el cual me lleve a tener paz, alegría, amor, felicidad, dominio propio, prosperidad, salud y pueda vencer todo obstáculo en mi vida por más grande que sean y dar el todo por el todo, porque cuando se es malo hay que ser malo 100% y así veremos éxitos como fracasos y diremos hemos sido malos debemos de actuar de otra forma ya que esta no me trae felicidad y cuando se es bueno se debe de ser bueno 100% porque así veremos éxitos y viviremos en paz siendo buenos pero fuertes y valientes decididos a entrar en todo lo que es bondad, pero cuando se es indeciso que dices no puedo porque no soy valiente o no puedo porque me conformo con esto en tener una vida, trabajo, matrimonio rutinarios, que ya estás acostumbrado y decides quedarte así, mas no dar un paso aunque seas la comidilla del vecindario o de tu familia pero cuando te vean caminando y sonriendo a pesar de tener problemas y con la cara en alto dirán "que le sucede a este" porque sonríe con tanto problema, es por tener confianza, certeza, fe en mi Señor Jesucristo que mis problemas ahora el me los resuelve, yo solo trato de caminar por el camino recto que Dios me pide y solo lo puedo hacer con el poder, la fuerza y el temor que le tengo a Dios, si me aparto de él para servir a lo que no le gusta a Dios, a pesar de no tener una imagen de Dios, para ver y hacer reverencia a esa imagen, no la necesito ya que Dios es espíritu como satanás mismo y solo mi Señor que es el Dios de los espíritus puede ayudarme a vencer todos los obstáculos que satanás quiera ponerme en mi camino, "porque todo lo puedo en Cristo que me fortalece" y seré una loca porque amo a un Dios que no tiene imagen, clamo a un Dios que no veo, pero sé que me escucha, porque no necesito verlo, solo me basta que Dios va transformando mi caracter, mi matrimonio, mi familia, mi prosperidad, mi salud en fin todo lo que me rodea Dios se hace cargo de hacerme la vida más fácil sin tanto sufrimiento como antes.

Han pasado meses de mis oraciones a Dios para que me de amor por mi esposo o me saque de este matrimonio y un día al regresar mi esposo de trabajar el entra por la puerta y yo veo a mi esposo diferente en realidad no entendí, pero sentí algo diferente cuando él estaba conmigo en realidad era algo bello sentir yo amor por mi esposo, en realidad ese amor viene de parte de Dios porque de mi parte yo estaba 100 % en México con todo y maletas por lo tanto aproveche y empecé a practicar ese amor que Dios me estaba dando por mi esposo y eso me ha ayudado para hacerme la vida menos pesada, ¡claro esta! los problemas siempre continuaran porque mi fe en Dios es terrible y mi esposo esta fuera de ello por lo tanto siempre buscare la manera de ayudarlo porque batallas siempre tendré pero la guerra de la salvación debo de ganármela.

En el año 2003 hubo cambio de obispo y se fue el obispo Carlos y llego el obispo Manuel, con el cual no pude hablar en ninguna ocasión y cuando iba a la iglesia siempre él decía vallan en paz y con alegría, la verdad no me gustaba ya que yo no tenía paz ni alegría, por lo tanto hable con Dios y le pedí que enviara un obispo como el obispo Carlos que nos hablara la realidad, que nos regañara y nos abriera los ojos, sinceramente no es que me haya quedado con amor por el obispo Carlos pero necesitaba uno más enérgico y días después llego el obispo Fernando el cual hacia la oración a las diez de la mañana con el obispo Manuel pero me gusto la manera de decir que debemos ser valientes o todo o nada con Dios, así que cambie mi horario de las diez por el de las ocho de la mañana de los domingos y me encantaba hablar con Dios porque era lo que yo quería que se me dijera que hacer, así que empecé de nuevo con mi guerra cotidiana y a seguir haciendo oraciones y sacrificios, recuerdo que cuando llegue a la Iglesia Universal del Reino de Dios conocí a varias personas vestidas de obreras pero la verdad siempre pensé que trabajaban para la iglesia pero que no eran cristianas por su comportamiento, toda vez que yo teniendo todo el tiempo y con mi sueño de ser obrera le dije al obispo Carlos que si me dejaba ayudar, me recibieron con una sonrisa pero después cada una me hizo un comentario al grado que llegue enojada a la casa y dije que esas personas vestidas de obreras me habían tratado muy mal, ellas sirviendo a Dios y me hicieron sentir mal, ya que por el hecho de ayudar en la redacción del periódico de la iglesia, cada una de ellas me hizo caras y me quise salir de la iglesia y no ir jamás, pero me dije es satanás que no quiere que yo sirva a Dios, así que me arme de valor y decidí seguir ayudando pero también le dije al obispo no como chismosa ya que no me gustan los chismes pero me acuerdo que en mi trabajo en Acapulco los jefes nunca se dan cuenta de cómo son en realidad los empleados, más si lo que conviven de cerca, por lo tanto los obispos no se dan cuenta de los miembros de la iglesia como son en realidad, así que le dije al obispo que me disculpara por decirle pero tenía una queja de una obrera, y por supuesto que le llamaron la atención ya que me di cuenta por su comportamiento para conmigo, en fin ese era su problema, el mío es el respeto y el temor que le tengo a mi Dios así como a sus siervos., en el 2003 estas obreras salieron ya que las tinieblas no aguantaron la luz y salieron llevándose a muchos miembros débiles como ellas., me dio mucha tristeza sin quedarme con ella, porque los seres humanos somos de lo peor sin Dios y ahí me di cuenta lo que viví en mis años de no ser cristiana y de ver gente que se dice ser cristiana y avergüenza el nombre de Jesús, sí que me quede admirada ya que también esto que viví en Acapulco también existe en Canadá en la Iglesia Universal del Reino de Dios, ahí fue donde comprendí que no es la iglesia como creía y critique en Acapulco sino el ser humano que no ha querido nacer de nuevo sacrificando su voluntad, para ser espiritual y de ahí hacer la voluntad de Dios; por lo tanto al ver este tipo de cosas me mantuve con más cuidado en no hacer amistades como suele uno hacer en el mundo ya que si en el mundo hice selección de personas que no me afectaran mis proyectos o mis objetivos por lo tanto en la iglesia haré lo mismo ya que con mi fe sobrenatural que tengo debo sacrificar a mucha gente de la misma iglesia que tiene muchos años y se acomodaron en la silla en ser miembros y no tener retos y triunfos en la vida y yo no puedo quedarme así porque que chiste tiene mi vida ahora que he vuelto a nacer de nuevo y teniendo a un Dios poderoso como para aceptar una vida derrotada eso nunca lo aceptare.

Esa es la realidad de las cosas, porque en dos años que tengo en Canadá como de estar con mi esposo y en la iglesia universal si Dios no se hubiese hecho cargo de todos mis problemas sinceramente estuviera fuera de esto desde el año 2002 debido a que fue difícil pero no imposible con el Dios que temo y me da vida toda vez que mi carácter dominante, rebelde, explosivo, prepotente, soberbia y sin paciencia me tenía atada es decir vivía en la carne como dice en la Biblia " el que es carne, carne es pero el que es nacido del espíritu, espíritu es", eso sí que me dolía ya que estaba más en la carne que en espíritu y me dolía doblegarme en ser una esposa obediente con un esposo que en cierta forma lo veía en el fondo del pozo pero es mi esposo por lo tanto todo lo que dice la biblia y lo que dicen los obispos los miércoles y domingos tenía que ponerlos en práctica y esto me dolió más que dejar a mis padres, más que dejar mi vida de soltera, más que no tener dinero, más que mi libertad, en si no tengo palabras para explicarlo con exactitud lo que se siente por dentro; pero yo elegí a mi esposo y yo le pedí a Dios que me ayudara con mi esposo para sacarme de mi país por lo tanto esa era mi responsabilidad y debería asumir mi papel de mujer de Dios.

Recuerdo que en unos días de angustia con mi esposo le pedí a Dios que me enviara un ángel para que cuando mi esposo me atacara, el ángel me tapara la boca y así yo no diría ninguna palabra, por lo tanto así paso y mi esposo me empezó atacar psicológicamente pero mi ángel me tapo la boca, toda vez que me sorprendí por no atacar como toda mujer necia, logre mi objetivo y estaba feliz, pero necesitaba no que el ángel estuviera siempre tapándome la boca sino yo misma practicar y aguantarme las ganas por contestar neciamente, recuerdo que hable con el obispo Fernando y le dije que tenía muchos problemas con mi esposo pero el problema era yo, ya que no sabía cómo cambiar de carácter y él me dijo no se preocupe que la siguiente semana hablaremos de la quiebra del corazón y seremos ante Dios como en las manos del alfarero que nos haga de nuevo y la verdad eso necesitaba y dijo que la gente que se sintiera que no había cambiado que se bautizara de nuevo, así que espere ansiosamente el domingo y al quebrar el jarro simulando mi corazón y Dios actuando por medio de mi fe y mi bautizo cambiando mi carácter el cual me tenía sumergida en muchos problemas, así que pasaron los días y yo seguía sufriendo porque seguía teniendo problemas con mi esposo, pero ya me quedaba callada, pero dentro de mí y mis pensamientos tenia ira, violencia, ganas de azotarlo contra la pared y eso no me hacía feliz me sentía frustrada y no podía vivir así, en un servicio de la iglesia dijo el Sr. obispo que si la vida que teníamos no tenía sucesos era porque el ángel que teníamos deberíamos de cambiarlo por lo tanto la reunión seria a las siete de la noche al escuchar eso mire hacia el altar y cerré mis ojos y le pedí a Dios que deseaba estar ahí pero que él sabía que a esa hora yo no podía estar, que me ayudara con mi esposo, así que asistí como cuatro veces a pedirle a Dios que me ayudara a cambiar a mi ángel o que hubiera un refuerzo como dice la biblia en Daniel donde el ángel que le ayudaba a Daniel fue reforzado por otro ángel más fuerte, así clamaba a Dios que me ayudara cada jueves que iba ya que mi vida estaba estancada y eso me tenía fastidiada, ya que yo tenía planes para hacer negocios, trabajar, estudiar y mi esposo solo quería tenerme en casa como una muñeca en su aparador y eso no me gustaba para nada.

Dios nos bendijo en ganar un caso en la corte en el cual mi esposo tenía ya luchando por seis años y yo se lo pedí un lunes de prosperidad y determine que sería en ese año de 2003, con ese dinero nos compramos un carro, tome clases de manejo para apoyar a mi esposo debido a que con mi amiga en fe nos pusimos una meta de orar sin cesar para que mi esposo dejara de emborracharse debido a que era una vergüenza., ya que teníamos planes para ir a Italia de vacaciones como a México por cuatro meses y no deseaba ser avergonzada con mis amistades así que le dije a Dios que no me interesaba ir a Italia ni a México que lo que deseaba era que le quitara el deseo de emborracharse a diario a mi esposo por lo tanto Dios contesto a nuestras oraciones y un día mi esposo se emborracho tanto que se quedó dormido y no podía manejar por lo tanto desde ahí mi esposo que se emborracha todos los fines de semanas llego llorando a la casa prometiendo no tomar de esa manera, a todo esto decidió que yo debería tomar un curso de manejo por lo cual tome mis clases de manejo siempre dije todo lo puedo en Cristo que me fortalece y maneje por las calles de Toronto, termine mi curso pero debería seguir mis practicas pero mi esposo nunca me hizo caso y no me puso atención como para prestarme el carro el fin de semana, pero yo siempre en oración le pedí a Dios que me ayudara a encontrar a una amiga que me ayudara a conocer Toronto, por lo tanto la encontré y ella me prestaba el carro y yo feliz por practicar con ella, ya que cuando le decía a mi esposo él decía que si pero no decía cuándo, así que un domingo nos fuimos de día de campo y mi amado esposo se pasó de alcohol y me dijo tu manejas, el me hablo muy bonito al principio me dijo con este carro harás el examen para tener la licencia G2, pero después cambio de actitud positiva a negativa y me empezó agredir verbalmente, así que empecé a pedirle a Dios que me enviara un ángel fuerte para salvarme de esa situación el siguió insultándome y yo la verdad no le di importancia, solo me repetía "todo lo puedo en Cristo que me fortalece", me puso música a todo volumen y me decía tranquila maneja sin nervios, yo solo veía adelante, en un momento me dijo párate que debo de comprar cigarros y lo hice, en ese momento incline la cabeza en el volante y le dije a Dios que manifestara su poder ya que lo que venía era tremendo pero yo soy fuerte y valiente solo necesitaba dominio propio, paciencia, sabiduría e inteligencia, por lo tanto le dije a Dios que confiaba que él estaba conmigo y yo con él, así que de nuevo a manejar por toda la calle derecho no había problema y mi esposo siguió con su pleito y yo sin escuchar nada, de buenas a primeras me metió a la autopista, me puse nerviosa no lo niego, y le dije porque me metes a la autopista si yo solo puedo manejar con mi G1 de día y en las calles mas no en la autopista, de noche y con gente borracha, así que me dije Thelma tu puedes demuéstrale que puedes y el me grito- ¿dices que sabes manejar no?—dije es un reto que satanás me habla para meterme miedo y ahora veraz ¡claro que se manejar!, yo con mi licencia G1 sin mucha practica en el manejo, solo veo adelante no veo espejos, cada segundo, minuto me repetí "TODO LO PUEDO EN CRISTO QUE ME FORTALECE" y lo repetía mentalmente a cada segundo y entre a la autopista que casi provoco un accidente al entrar como al salir, solo mi ángel fuerte y poderoso logro salvarme de un accidente como el de que nos quitaran las licencias de manejar a mi esposo como a mí., pero al salir de la autopista mi esposo me grito más fuerte y la verdad sentí que se me nublaba la vista y dentro de mi mente me llegaron pensamientos negativos de: "no puedes manejar" "no sabes manejar", quiso entrarme el nerviosismo y por un momento quise detenerme y darle el carro a mi esposo pero reaccione y dije yo puedo soy fuerte y valiente no tengo miedo y por lo tanto llegue a la casa sana y salva., la verdad me quede sorprendida de mi actuación solo con Dios pude hacerlo ya que yo hubiese tirado la toalla rápido, recuerdo que me sentí fastidiada quise salir corriendo, como podía un esposo tratarme así, cuando él sabía de antemano que yo no sabía manejar estaba atentando con nuestras vidas, era un tipo irresponsable, no llore estaba fastidiada, mi reacción fue que al otro día le grite a mi esposo, que cual era su objetivo, él porque me había hecho todo esto si sabía que era la primera vez que manejaba con él, porque había atentado con nuestras vidas, pero que no me intimido ya que gracias a Dios no nos había pasado nada, así que lo amenace con decirle si sigues con tus cosas un día de estos no me encuentras., tuve ganas de hacerlo., pero tengo todo en mi contra me acaban de dar los papeles como residente y toda la familia como amigos le dijeron a Mario que solo por el papel yo estaba con él y eso no es verdad, así que hice mi huelga al no cruzar ninguna palabra con mi esposo por una semana, como no tomarlo en cuenta ¡claro esta! siempre cumplí mis deberes de ama de casa al pie de la letra, la verdad no sabía qué hacer en esta situación y llore porque para mí era fácil irme pero yo no quería eso, quiero ver mi triunfo, pero ¿Cómo? ante esa situación, así que platique en la iglesia y fue como un testimonio de mi fe hacia mi ángel protector, paso la semana y el viernes le dije a mi esposo que hablaríamos tranquilamente, a decir verdad mi esposo esperaba que le dijera que era mejor divorciarnos, pero cuando empezamos a platicar hubo algo que me dijo y me quede helada, le había dicho una grosería a mi esposo y mi esposo en su borrachera me reclamaba por qué no lo respetaba ¡Oh Dios!, sí que me ocupe ya que ante los ojos de Dios estaba mal y eso me dolía más que lo que me hacia mi esposo, el estar con Dios como una necia, como una mujer rencillosa que solo provoca problemas me tenía ocupada todo el día, así que me quede sin habla, sabía que era cierto porque me conozco, sufrí porque yo era la causante de todo, así que hable con Dios y le pedí perdón así como una oportunidad de cambiar ya que a mis dos años de estar en la iglesia no había cambiado mi carácter y eso es doloroso cuando sabes que no agradas a Dios y por lo tanto Dios no escuchara tu oración y eso sí que es preocupante, un domingo el obispo Fernando dijo que si uno le pide a Dios de corazón que lo transforme a que tengamos un nuevo nacimiento que el Espíritu Santo nos toca, recuerdo que cuando me bautice yo le pedí a Dios que me transformara, por lo tanto aprovecharía ese momento para hablar con Dios era mi oportunidad; así que me puse hasta adelante y le clame a Dios llorando que por favor me ayudara que me quitara la violencia, la impaciencia, que me ayudara a darme dominio propio, que me quitara la ira, que yo todos los días estaba en la iglesia, que de nada me servía ser una excelente cristiana por una hora que tarda el servicio y seguir siendo una hija del diablo veintitrés horas fuera de la iglesia por mi mal comportamiento, que si él me había escuchado la primera vez, que me ayudara ahora porque lo deseaba de corazón ya que todo esto me hacía sufrir y yo no quería avergonzar su nombre dentro y fuera de la iglesia, ese día llore mucho que mis lágrimas rodaron por todo mi pecho suplicándole a Dios que tuviera piedad y misericordia de mí ya que lo que deseaba era agradarlo y que todo lo demás no me importaba, salí ese domingo tranquila y días después me doy cuenta que Dios de nuevo tuvo misericordia de mí y me ayudo ya que tuve un problema con mi esposo debido a que pensaba que le había robado $500.00 dólares, que si se los había dado a la iglesia o a mi amiga en la fe, ¿que donde estaba el dinero? el cual yo le conteste con mucha paciencia y tranquilidad que yo no sabía nada de eso, que si yo le robaba el dinero para la iglesia eso a Dios no le agradaría y si le robaba para mi amiga tampoco a Dios le agradaría, le serví de comer y mi esposo por poco tira el plato de comida y me grito "no sé cómo le voy hacer contigo" le dije habla a la policía y si soy culpable que me lleven a la cárcel, pero mi amor porque mejor no te acuerdas exactamente donde los dejaste y ve y búscalos con paciencia, no me hizo caso, se enojó más y se fue a dormir, la verdad después de quedarme sola hable con Dios y le dije que gracias por la paciencia, dominio propio, paz, tranquilidad, me quito la agresividad, la violencia porque en otro tiempo a mi esposo le levantó la voz y le hubiese gritado hasta más no poder por ofenderme pero no lo hice ni sentí furia, llore de felicidad ya que Dios hace cosas increíbles si nos dejamos y la verdad de ahí he practicado y me ha salido bien, como dice la palabra de Dios "buscad el reino de Dios y su Justicia y todo lo demás vendrá por añadidura" o sea que no me preocupe por lo demás, más si por estar bien con mi Señor Jesucristo que todo lo ve y nos escudriña las mentes y los corazones a los cristianos que lo buscan en espíritu y en verdad.

 Por eso le puse el título a este libro, "descubre cómo ser feliz; naciendo de nuevo" nacer de nuevo significa que las cosas que uno no tiene la fuerza para cambiar, Dios te dará la fuerza si tú quieres ¡claro esta! porque Dios es como un padre para nosotros, nuestros padres siempre nos hablan de seguir una disciplina cuando uno vive en la casa de ellos y que debemos respetarla por lo tanto ellos te premiaran por tu buen o mal comportamiento, así mismo Dios con la humanidad él es un padre y él nos dio el libre albedrío, por lo tanto cada ser humano es causante de su propio destino no hay de que "así es mi destino" "Dios lo quiso así" no y mil veces no sino uno que no se disciplina ni respeta a los padres que uno los ve físicamente menos a Dios que uno no lo ve , porque Dios no castiga sino lo que tú "siembres cosecharas" tu siembras odio, recibirás odio, tu siembras "amor recibirás amor" por lo tanto hay que vigilar que sembramos cada instante de nuestra vida porque de repente cuando más a gusto la estamos pasando viene una cosecha y fácilmente se derrumba uno pero por eso deberemos checarnos a cada rato que estamos haciendo por uno mismo como para Dios, uno nunca sabe cuándo se va a morir y todos los seres humanos nos llevaremos una sorpresa al morirnos porque Dios siempre nos estará dando una oportunidad de estar con él; yo por eso aproveche esta oportunidad de dar el todo por el todo, ya que las mujeres nos vemos mal diciendo groserías así como todos los seres humanos que mentimos diciendo es mentira blanca que esta se convierte en negra pero tarde que temprano sale a relucir la verdad y somos avergonzados y no podemos dejar de mentir porque vivimos en un mundo de mentira, por lo tanto lo vemos normal pero cuando se da uno cuenta que eso no es agradable a Dios analiza uno el por qué y decide cambiar para estar bien con Dios.

Pero para muchos es aquí donde retroceden y prefieren seguir diciendo groserías, mentiras, falsedades y continuar una vida de apariencia debido a que tienen miedo al cambio, pensando como yo que es difícil vivir, sin sexo, sin mentir, sin decir groserías, sin una gota de alcohol o una cervecita después de comer.

Les doy la razón., yo misma lo pensé muchas veces estando dentro de la iglesia y no quería dar mi brazo a torcer pero decidí ser fuerte y valiente ya que cuando viví sin ningún compromiso con Dios siempre intente cambiar por mí misma y falle, así que por eso he vuelto a nacer pero ahora en espíritu y en verdad, ha sido doloroso pero cuando tienes la paz que no te la da el mundo , todo lo sufrido o todas las humillaciones son poca cosa para la felicidad que Dios te da, no momentánea como te la da el mundo o las cosas materiales, sino eterna de cuanto te dure la vida y después de la muerte, porque el cristiano muere con la esperanza de que no fue en vano tanto sufrimiento ni fue en vano dejar la vida que tanto le gustaba por agradar a Dios y así desagradar al mundo, con la certeza y la seguridad que al morir estarás en el reino de Dios.